U0926291

朱光潜 著

世间欢喜 消遣人

江苏人民出版社

图书在版编目（CIP）数据

世间欢喜消遣人 / 朱光潜著 . — 南京 : 江苏人民出版社 , 2018.5（2023.11 重印）
ISBN 978-7-214-21717-2

Ⅰ . ①世… Ⅱ . ①朱… Ⅲ . ①朱光潜（1897-1986）—文集 Ⅳ . ① C52

中国版本图书馆 CIP 数据核字 (2017) 第 312260 号

书　　名　世间欢喜消遣人
著　　者　朱光潜
责任编辑　卞清波
出版发行　江苏人民出版社
地　　址　南京市湖南路 1 号 A 楼，邮编：210009
印　　刷　天津丰富彩艺印刷有限公司
开　　本　880 mm × 1 230 mm　1/32
印　　张　7.5
插　　页　4
字　　数　190 000
版　　次　2018 年 5 月第 1 版
印　　次　2023 年 11 月第 2 次印刷
标准书号　ISBN 978-7-214-21717-2
定　　价　49.80 元
（江苏人民出版社图书凡印装错误可向承印厂调换）

生活就是为着生活，别无其他目的。

在百忙中，
在尘世喧嚷中，
你偶然丢开一切，悠然遐想，
你心中便蓦然似有一道灵光闪烁，
无穷妙悟便源源而来。

目录 CONTENTS

序：老而不僵

第一章 世间欢喜消遣人 1

不休息的工作才是浪费时间 2
世间欢喜消遣的人 6
使生活是正常的自然的 10
真、善、美 14
善与美是一体的 17
谈谈笑笑，跑跑跳跳 20
忙里偶然偷闲，闹中偶然觅静 23
慈慧殿三号 27
后门大街 33
游春自然是赶花会 38
生命是一项刻接着一项刻 44

第二章 最美的形体是曲线 49
美育必须从年轻时就下手 50
我们对于一颗古松的态度 57
美和实际人生有一个距离 61
美感经验有移情作用 66
美感即快感，美即愉快 69
美感和快感是容易分别的 73
最美的形体是曲线 77
写实主义和理想主义的错误 81
丑是形成美的一种因素 85
美是理念的感性显现 89
艺术家有描写丑恶的权利 91

第三章 站在后台看人生 95
每个人的生命就是他自己的作品 96
人道主义尊重人的尊严 99
悲喜毕竟有所不同 101
一个能自制的人才能自强 105
你真心待人，人也真心待你 108
你们须比禽兽高明些 112
谈人生与我 117
给不管闲事的人们 122
中国文坛缺乏什么 125
在香港中文大学一次座谈会上的谈话 128
胡愈之同志早年活动的片断回忆 130

第四章

活的趣味在于发现新境界 133

文艺作品都不能拆开来看 134
艺术家须一半是诗人，一半是匠人 137
灵感是从功夫出来的 140
不能为艺术而艺术 142
每个人都可当文学家 145
谐趣是一种原始美感 149
中西方诗中人伦比较 153
酒入愁肠愁更愁 156
做诗者多，识诗者少 159
文学的修养 163
活的趣味在于发现新境界 167
心口如一，不能说谎 169
文学是『裁剪的艺术』 171
不视，仰视，俯视，平视 174
谈读诗与趣味的培养 178
文学并不是一条直路通天边 184

第五章 宁愿烦闷，不愿消沉 187

觉悟，彻底地觉悟 188
做现代的中国人 191
宁愿烦闷，不愿消沉 195
立志要度德量力 198
贪懒取巧都不会有大成就 202
生命，是一种奋斗 206
要有少数特立独行的人们去转移风气 209
我们不应仇视自由分子 213
人心不能挽回，国势就不能挽回 216
卷在潮流中的人们趁早醒觉 219
谈勤俭建国运动 223

文章出处 227

老而不僵

我今年八十八岁了，一生都在学习和研究学术问题，特别是关于美学问题，写过不少论文。我认为，人到老年，就要注意健康和长寿。有了健康的身体，才能有健康的精神。

英国人说："健康的精神寄托于健康的身体"，这的确是至理名言。健康的身体来自锻炼，我每日坚持慢跑、打太极拳、做气功。我第二次"解放"后，重操起旧业。我这才发现脑筋也和身体一样，愈锻炼，效率也就愈高。仅 1979 年一年内，我就写了十三万字的文稿，搞了近百万字的书稿清样。关在牛棚时的那种麻木白痴的状态也根本消失了。据此经验，我劝老年朋友，离休退休之后，总要找点事情干，使脑筋和身体一样经常处于锻炼状态。

从锻炼成健康的身体中来锻炼出健康的精神，这是做一切工作所必须遵循的一条辩证唯物主义的准则。人总是要老的。老化和僵化都是生机贫弱的表现。要恢复生机，就要在身体上和精神上都保持健康状态。

老化可能带来僵化，但老化并不等于僵化。思想僵化的病根是"坐井观天""划地为牢""固步自封"。我们要使自己老而不僵。怎样才能老而不僵？我们的老祖宗朱熹有句名言：“半亩方塘一鉴开，天光云影共徘徊。问渠那得清如许，为有源头活水来。”关键在这“源头活水”，活水是生机的源泉，有了它就可以防环境污染，使头脑常醒和不断地更新。这就要多接触社会，多接近群众，多读书看报。一句话，要“放眼世界”，不断地吸引精神营养！

第一章

世间欢喜消遣人

我们都不过是自然的奴隶，
要征服自然，只得服从自然。
在百忙中，在尘世喧嚷中，
你偶然丢开一切，悠然遐想。

不休息的工作才是浪费时间

人的力量，无论是属于
身或属于心的，
到用过了限度时，
必定是由疲劳而衰竭，
由衰竭而毁灭。

在世界各民族中，我们中国人要算是最能刻苦耐劳的。第一是农人。他们日出而作，日入而息，不分阴晴冷暖，总是硬着头皮，流着血汗，忙个不休。一年之中，他们最多只能在过年过节时歇上三五天，你如果住在乡下，常看他们在炎天烈日下车水拔草，挑重担推重车上高坡，或是拉牵绳拖重载船上急滩，你对他们会起敬心也会起怜悯心，觉得他们虽是人，却在做牛马的工作，过牛马的生活。读书人比较算是有闲阶级，但在未飞黄腾达以前，也要经过一番艰苦的奋斗。从前私塾学生从天亮到半夜，都有规定的课程，休息对于他们是一个稀奇的名词。小学生们只有在先生打瞌睡时偷耍一阵，万一先生不打瞌睡，就只有找借口逃学。从前读书人误会"自强不息"的意思，以为"不息"就是不要休息。十年不下楼，十年不窥园，囊萤刺股，发愤忘食之类的故事在读书人中传为美谈，奉为模范。近代学校教育比从前私塾教育似乎也并不轻松多少。从小学以至大学，功课都太繁重，每日除上六七小时课外还要看课本做练习。世界各国学校上课钟点之多，假期之短少，似没有比得上我们的。

这种刻苦耐劳的精神原可佩服，但是对于身心两方的修养却是极大的危害。最刻苦耐劳的是我们中国人，体格最羸弱而工作最不讲效率的也是我们中国人。这中间似不无密切关系。我们对于休息的重要性太缺乏彻底的认识了。它看来虽似小问题，却为全民族的生命力所关，不能不提出一谈。

自然界事物都有一个节奏。脉搏一起一伏，呼吸一进一出，筋肉一张一弛，以至日夜的更替，寒暑的往来，都有一个劳动和休息的道理在内。草木和虫豸在冬天要枯要眠，土壤耕种了几年之后须休息，连机器输电灯线也不能昼夜不息地工作。世间没有一件事物能在一个状态维持到久远的，生命就是变化，而变化都有一起一伏的节奏，跳高者为着要跳得高，先蹲着很低；演戏者为着造成一个紧张的局面，先来一个轻描淡写；用兵者守如处女，才能出如脱兔；唱歌者为着要拖长一个高音，先须深深地吸一口气。事例是不胜枚举的。世间固然有些事可以违拗自然去勉强，但是勉强也有它的限度。人的力量，无论是属于身或属于心的，到用过了限度时，必定是由疲劳而衰竭，由衰竭而毁灭。譬如弓弦，老是尽量地拉满不放松，结果必定是裂断。我们中国人的生活常像满引的弓弦，只图张的速效，不顾弛的蓄力，所以常在身心俱惫的状态中。这是政教当局所必须设法改善的。

一般人以为多延长工作的时间就可以多收些效果，比如说，一天能走一百里路，多走一天，就可以多走一百里路，如此天天走着不歇，无论走得多久，都可以维持一百里的速度。凡是走过长路的人都知道这算盘打得不很精确，走久了不歇，必定愈走愈慢，以至完全走不动。我们走路的秘诀，“不怕慢，只怕站”，实在只是片面的真理。永远站着固然不行，永远不站也不一定能走得远，不站就须得慢，慢有时延误事机；

耕作的男人
让－弗朗索瓦 · 米勒 1860—1862 年
法国布面油画

而偶尔站站却不至于慢，站后再走是加速度的唯一办法。我们中国人做事的通病就在怕站而不怕慢，慢条斯理地不死不活地往前挨，说不做而做着并没有歇，说做却并没有做出什么名色来。许多事就这样因循耽误了。我们只讲工作而不讲效率，在现代社会中，不讲效率，就要落后。西方各国都把效率看作一个迫切的问题，心理学家对这问题做了无数的实验，所得的结论是，以同样时间去做同样工 作，有休息的比没有休息的效率大得多。比如说，一长页的算学加法习题，继续不断地去做要费两点钟，如果先做五十分钟，继以二十分钟的休息，再做五十分钟，也还可以做完，时间上无损失而错误却较少。西方新式工厂大半都已应用这个原则去调节工作和休息的时间，结果工人的工作时间虽然少了，雇主的出品质量反而增加了。一般人以为休息是浪费时间，其实不休息的工作才真是浪费时间。此外还有精力的损耗更不经济。拿中国人与西方人相比，可工作的年龄至少有二十年的差别，我们到五六十岁就衰老无能为，他们那时还正年富力强，事业刚开始，这分别有多大！

休息不仅为工作蓄力，而且有时工作必须在休息中酝酿成熟。法国大数学家潘嘉赉研究数学上的难题，苦思不得其解，后来跑到街上闲逛，原来费尽气力不能解决的难题却于无意中就轻轻易易地解决了。据心理学家的解释，有意识作用的工作须得退到潜意识中酝酿一阵，才得着土生根。通常我们在放下一件工作之后，表面上似在休息，而实际上潜意识中那件工作还在进行，詹姆斯有“夏天学溜冰，冬天学泅水”的比喻，溜冰本来是前冬练习的，今夏无冰可溜，自然就想不到溜冰，算是在休息，但是溜冰的筋肉技巧却恰巧此时凝固起来。泅水也是如此，一切学习都如此。比如我们学写字，用功甚勤，进步总是显得很慢，有时甚至越写越坏。但是如果停下一些时候再写，就猛然觉得字有进步。进步之后又停顿，停顿之后又进步，如此辗转多次，字才易写得好。习字需要停顿，也是因为要有时间让筋肉技巧在潜意识中酝酿凝固。习字如此，习其他技术也是如此。休息的工夫并不是白费的，它的成就往往比工作的成就更重要。

世间欢喜消遣的人

我们都不愿意生活中有空隙，
都愿常有事物“占领”着身心，
没有事做时须找事做，
不愿做事时也不甘心闲着，
必须找一点玩意儿来消遣，
否则便觉得厌闷苦恼。

不同性质的工作更番瓜代，固可以收到调剂和休息的效用，可是一个人不能时时刻刻都在工作，事实上没有这种需要，而且劳苦过度，工作也变成一种苦事，不能有很大的效率。我们有时须完全放弃工作，做一点无所为而为的活动，享受一点自由人的幸福。工作都有所为而为，带有实用目的；无所为而为，不带实用目的的活动，都可以算作消遣。我们说“消遣”，意谓“混去时光”，含义实在不很好；西方人说“转向”(diversion)，意谓“把精力朝另一方面去用”，它和工作同称为occupation，比较可以见出消遣的用处。所谓 occupation 无恰当中文译词，似包含“占领”和“寄托”二义。在工作和消遣时，都有一件事物“占领”着我们的身心，而我们的身心也就“寄托”在那一件事物里面。身心寄托在那里，精力也就发泄在那里。拉丁文有一句成语说：“自然厌恶空虚。”这句话近代科学仍奉为至理名言。在物理方面，真空固不易维持，一有空隙，就有物来占领；在心理方面，真空虽是一部分宗教

钢琴练习中断
[荷]威廉·巴特尔·范德科伊
1808

家（如禅宗）的理想，在实际上也是反乎自然而为自然所厌恶。我们都不愿意生活中有空隙，都愿常有事物“占领”着身心，没有事做时须找事做，不愿做事时也不甘心闲着，必须找一点玩意儿来消遣，否则便觉得厌闷苦恼。闲惯了，闷惯了，人就变干枯无生气。

消遣就是娱乐，无可消遣当然就是苦闷。世间欢喜消遣的人，无论他们的嗜好如何不同，都有一个共同点，就是他们必都有强旺的生活力，运动家和艺术家如此，嫖客赌徒乃至于烟鬼也是如此。他们的生活力强旺，发泄的需要也就跟着急迫。他们所不同者只在发泄的方式。这有如大水，可以灌田、发电或推动机器，也可以泛滥横流，淹毙人畜草木。同是强旺的生活力，用在运动可以健身，用在艺术可以怡情养性，用在吃喝嫖赌就可以劳民伤财，为非作歹。“浪子回头是个宝”，也就是这个道理。所以消遣看来虽似末节，却与民族性格国家风纪都有密切关系。一个民族兴盛时有一种消遣方式，颓废时又有另一种消遣方式。古希腊罗马在强盛时，人民都欢喜运动、看戏、参加集会，到颓废时才有些骄奢淫逸的玩意儿如玩娈童看人兽斗之类。近代条顿民族多欢喜户外运动，而拉丁民族则多消磨时光于咖啡馆与跳舞厅。我国古代民族娱乐花样本极多，如音乐、跳舞、驰马、试剑、打猎、钓鱼、斗鸡、走狗等都含有艺术意味或运动意味。后来士大夫阶级偏嗜琴棋书画，虽仍高雅，已微嫌侧重艺术，带有几分“颓废”色彩。近来“民族形式”的消遣似只有打麻将、坐茶馆、吃馆子、逛窑子几种。对于这些玩意儿不感兴趣的人们除着做苦工之外，就只有索然枯坐，不能在生活中领略到一点乐趣。我经过几个大学和中学，看到大部分教员和学生终年没有一点消遣，大家都喊着苦闷，可是大家都不肯出点力把生活略加改善，提倡一些高级趣味的娱乐来排遣闲散时光。从消遣一点看，我们可以窥见民族生命力的低降。这是一个很危险的现象。它的原因在一般人不明了消遣的功用，把它太看轻了。

其实这事并不能看轻。柏拉图设计理想国的政治，主张消遣娱乐都由国法规定。儒家标六艺之教，其中礼、乐、射、御四项都带有消遣娱乐意味，只书、数两项才是工作。孔子谈修养，“居于仁”之后即继以“游于艺”，这足见中西哲人都把消遣娱乐看得很重，梁任公先生有一文讲演消遣，可惜原文不在手边，记得大意是反对消遣浪费时光。他大概有见于近来我国一般消遣方式趣味太低级。但我们不能因噎废食。精力必须发泄，不发泄于有益身心的运动和艺术，便须发泄于有害身心的打牌、抽烟、喝酒、逛窑子。我们要禁绝有害身心的消遣方式，必须先提倡有益身心的消遣方式。比如水势须决堤泛滥，你不愿它决诸东方，就必须让它决诸西方，这是有心政治与教育的人们所应趁早注意设法的。要复兴民族，固然有许多大事要做，可是改善民众消遣娱乐，也未见得就是小事。

使生活是正常的自然的

向一切恶的引诱
说一个坚决的"不"字，
向一切应做的事
说一个坚决的"干"字，
都需要一番斗争的精神，
一股蓬勃的生活力。

生命是一种无底止的奋斗。一个士兵作战，一个学者研究学问，或是一个普通公民勇于尽自己的职责，向一切恶的引诱说一个坚决的"不"字，向一切应做的事说一个坚决的"干"字，都需要一番斗争的精神，一股蓬勃的生活力。我们多数民众所最缺乏的就是这奋斗所必需的生活力，尤其在这抗建时代，我们必须彻底认识这种缺乏的严重性，极力来弥补它。我们慢些谈学问，慢些谈道德，慢些谈任何事功，第一件要事先把身体这个机器弄得坚强结实。

要补救我们民族体格的羸弱，必先推求羸弱的病因，然后对症下药。一般人都知道一些健身的方法和道理，例如营养适宜，衣食住清洁，生活有规律，运动休息得时之类。我们中国人体格羸弱，大半由于对这些健康的基本条件没有十分注意，这是谁都会承认的。但是我以为这些条件固然重要，却都是后天的培养，最重要的还是先天的基础。比如动植物的繁殖，在同样的后天环境之下，种子好的比种子差的较易于发育茁壮。

哈巴狗总不能长成狮子狗，任凭你怎样去饲养。我知道许多人一辈子注意卫生，一辈子仍是不很强壮，就吃亏在先天不足；我也知道许多人一辈子不知道什么叫作卫生，可是身体依然是坚实，他们生来就有一副铜筋铁骨。因此，我想到在体格方面，先天的基础好，比任何谨慎的后天的培养都要强；我们要想改变民族的体质，第一步要务是彻底地研究优生。在身体方面的优生，有三个要点必须注意：一、男女配合必须在发育完成之后，早婚必须绝对禁止。二、选择配偶的标准必须把身体强健放在第一位。我们应特别奖励强壮的男子配强壮的女子。以往男择女要林黛玉那样弱不禁风，工愁善病；女择男要潘安仁那样白面书生，风度儒雅。这种传统的理想必须打破。三、妇女在妊孕期内必须有极合理的调养，在生产后至少在三年内须节制妊孕。先天的基础，母亲要奠立一大半，母亲的健康比父亲的更为重要。现在一般母亲在妊孕期劳作过度，营养不充分，而妊孕期的周率又太频繁，一年生产一次几是常事。这一点影响民族体格的健康比其他一切因素都较严重。以上三点体格优生要义我们必须灌注到每一个公民的头脑里去，在必要时，我们最好能用政府的力量帮助人民去切实施行。

至于后天的培养用不着多说，一般人都知道一些卫生常识。第一是营养必须适宜。目前物价昂贵，一般青年们正当发育的年龄，不能得到最低限度的营养，以致危害到健康。这是一个很严重的现象，政教当局必须彻底认识，急图补救。其次是生活必须有规律，起居饮食，劳作休息，都须有一定的时候，一定的分量，一定的节奏。在这一点，我们中国人的习惯很差。迟睡晚起，打牌可以打连宵，平时饮食不够营养的标准，进馆子就得把肚皮胀破，劳作者整天不得休息，游手好闲者整天不做工作，如此等类的毛病都是酿成民族羸弱的因素。单就青年说，目前各学校的功课都太繁重，营养所产生的力量过少，功课担负所要求的力量过多，

比赛在隆尚
[法]让－路易斯·福兰
1891

供不应求，逼成虚耗。这也是一个很严重的现象。要教育合理化，各级学校的课程必须尽量裁汰。第三是心境要宽和冲淡，少动气，少存杂念。我国古代养生家素来特重这一点，所以说：“养生莫善于寡欲。”我们近代人对此点似多认为陈腐，其实这很可惜。近代社会复杂，刺激特多，愈近于文明，愈远于自然，处处都是扰乱心智的事物，就是处处逼我们打消耗战。我们必须淡泊宁静，以逸待劳。这不但可以养生，也可以使学问事业得到较大的成就。

如果做到上面几点，我相信一个人不会不康健。康健的生活是正常的自然的。健康的最大秘诀就在使生活是正常的自然的。近代人谈体育，多专指运动，其实专就健康而言，运动是体育的下乘节目。运动的要义在使血液流通，筋肉平均发展，脑筋与筋肉互换劳息。这三点在普通劳作方面也可以办到。自然人都很健康，除渔猎耕作及舞蹈以外，别无所谓运动，而身体却大半很强健。不过运动确也有不能用普通劳作代替的地方。第一，它是比较的科学化，顾到全身筋肉脉络的有系统的调摄和锻炼。在近代社会中分工细密，许多人只用一部分筋肉去劳作，有系统的运动实为必要。第二，运动带有团体娱乐的意味，是群育的最好工具。在中国古代，射以观德；近代西方人也说运动可以养成“公平游艺”(fair play)，一个公平正直的人有“运动家的风度”(sportsmanship)。要训练合作互助，尊重纪律的精神，最好的场所是运动场。威灵顿说：“滑铁卢的胜仗，是在义敦和哈罗两校运动场上打来的。”就是因为这个道理。从这两点说，我们亟须提倡运动。不过已往饲养选手替学校争门面的办法必须废除。运动必须由学校推广到全社会，成为每个人日常生活中的一个节目，如吃饭睡觉一样，它才能于全民族的健康有所补助。

真、善、美

一个人在道德方面需要良心，
在艺术方面尤其需要良心。
良心使艺术家不苟且敷衍，
不甘落下乘。

价值通常分为真、善、美三种。先说真，它是科学的对象。科学的思考在大体上虽偏于别条理，却也须审分寸。它分析事物的属性，必须辨别主要的与次要的；推求事物的成因，必须辨别自然的与偶然的；归纳事例为原则，必须辨别貌似有关的与实际有关的。苹果落地是常事，只有牛顿抓住它的重要性而发明引力定律；蒸汽上腾是常事，只有瓦特抓住它的重要性而发明蒸汽机。就一般学术研究方法说，提纲挈领是一套紧要的功夫，囫囵吞枣必定是食而不化。提纲挈领需要很锐敏的价值意识。

次说美，它是艺术的对象。艺术活动通常分欣赏与创造。欣赏全是价值意识的鉴别，艺术趣味的高低全靠价值意识的强弱。趣味低，不是好坏无鉴别，就是欢喜坏的而不了解好的；趣味高，只有真正好的作品才够味，低劣作品可以使人作呕。艺术方面的爱憎有时更甚于道德方面的爱憎，行为的失检可以原谅，趣味的低劣则无可容恕。至于艺术创造更步步需要谨严的价值意识。在作品酝酿中，许多意象纷呈，许多情致泉涌，当兴高采烈时，它们好像八宝楼台，件件惊心夺目，可是实际上它们不尽经得起推敲，艺术家必能知道割爱，知道剪裁洗炼，才可披沙拣金。这是第一步。已选定的材料需要分配安排，每部分的分量有讲究，各部分的先后位置也有讲究。凡是艺术作品必有头尾和身材，必有浓淡虚实，必有着重点与陪衬点。“譬如北辰，居其所，而众星拱之。”艺术作品的意思安排也是如此。这是第二步。选择安排可以完全是胸中成竹，要把它描绘出来，传达给别人看，必借特殊媒介，如图画用形色，文学用语言。一个意思常有几种说法，都可以说得大致不差，但是只有一种说法，可以说得最恰当妥帖。艺术家对于所用媒介必有特殊敏感，觉得大致不差的说法实在是差以毫厘，谬以千里，并且在没有碰着最恰当的说法以前，心里就安顿不下去，他必肯呕出心肝去推敲。这是第三步。在实际创造时，这三个步骤虽不必分得如此清楚，可是都不可少，而且每步都必有价值意识的鉴别审核。每个大艺术家必同时是他自己的严厉的批评者。一个人在道德方面需要良心，在艺术方面尤其需要良心。良心使艺术家不苟且敷衍,不甘落下乘。艺术上的良心就是谨严的价值意识。

再次说善。它是道德行为的对象。人性本可与为善，可与为恶，世间善人少而不善人多，可知为恶易而为善难。为善所以为难者，道德行为虽根于良心，当与私欲相冲突，胜私欲需要极大的意志力。私欲引人朝抵抗力量低的路径走，而道德行为往往朝抵抗力最大的路径走。这本有几分不自然。但是世间终有人为履行道德信条而不惜牺牲一切者，即深切地感觉到善的价值。“朝闻道，夕死可矣。”孔子醇儒，向少作这样侠士气的口吻，而竟说得如此斩截者，即本于道重于生命一个价值意识。古今许多忠臣烈士宁杀身以成仁，也是有见于此。从短见的功利观点看，这种行为有些傻气。但是人之所以为人，就贵在这点傻气。说浅一点，善是一种实益，行善社会才可安宁，人生才有幸福。说深一点，善就是一种美，我们不容行为有瑕疵，犹如不容一件艺术作品有缺陷。求行为的善，即所以维持人格的完美与人性的尊严。善的本身也有价值的等差。“礼与其奢也宁俭，丧与其奢也宁戚”，重在内心不在外表。“男女授受不亲，嫂溺援之以手”，重在权变不在拘守条文。“人尽夫也，父一而已”，重在孝不在爱。忠孝不能两全时，先忠而后孝。以德报怨，即无以报德，所以圣人主以直报怨。“其父攘羊，其子证之”，为国法而伤天伦，所以圣人不取。子夏丧子失明而丧亲民无所闻，所以为曾子所呵责。孔子自己的儿子死只有棺，所以不肯卖车为颜渊买椁。齐人拒嗟来之食，义本可嘉，施者谢罪仍坚持饿死，则为太过。有无相济是正当道理，微生高乞醯以应邻人之求，不得为直。战所以杀敌制胜，宋襄公不鼓不成列，不得为仁。这些事例有极重大的，有极寻常的，都可以说明权衡轻重是道德行为中的紧要功夫。道德行为和艺术一样，都要做得恰到好处。这就是孔子所谓“中”，孟子所谓“义”。中者无过无不及，义者事之宜。要事事得其宜而无过无不及，必须有很正确的价值意识。

善与美是一体的

人愈能脱肉体需求的
限制而做自由活动，
则离神亦愈近。
“无所为而为的玩索”是唯一
的自由活动，
所以成为最上的理想。

一篇生命史就是一种作品，从伦理的观点看，它有善恶的分别，从艺术的观点看，它有美丑的分别。善恶与美丑的关系究竟如何呢？

就狭义说，伦理的价值是实用的，美感的价值是超实用的；伦理的活动都是有所为而为，美感的活动则是无所为而为。比如仁义忠信等等都是善，问它们何以为善，我们不能不着眼到人群的幸福。美之所以为美，则全在美的形象本身，不在它对于人群的效用（这并不是说它对于人群没有效用）。假如世界上只有一个人，他就不能有道德的活动，因为有父子才有慈孝可言，有朋友才有信义可言。但是这个想象的孤零零的人还可以有艺术的活动，他还可以欣赏他所居的世界，他还可以创造作品。善有所赖而美无所赖，善的价值是“外在的”，美的价值是“内在的”。

不过这种分别究竟是狭义的。就广义说，善就是一种美，恶就是一种丑。因为伦理的活动也可以引起美感上的欣赏与嫌恶。希腊大哲学家柏拉图和亚里士多德讨论伦理问题时都以为善有等级，一般的善虽只有外在的价值，而“至高的善”则有内在的价值。这所谓“至高的善”究竟是什么呢？柏拉图和亚里士多德本来是一走理想主义的极端，一走经验主义的极端，但是对于这个问题，意见却一致。他们都以为“至高的善”在“无所为而为的玩索”（disinterested contemplation）。这种见解在西方哲学思潮上影响极大，斯宾诺莎、黑格尔、叔本华的学说都可以参证。从此可知西方哲人心目中的“至高的善”还是一种美，最高的伦理的活动还是一种艺术的活动了。

“无所为而为的玩索”何以看成“至高的善”呢？这个问题涉及西方哲人对于神的观念。从耶稣教盛行之后，神才是一个大慈大悲的道德家。在希腊哲人以及近代莱布尼茨、尼采、叔本华诸人的心目中，神却是一个大艺术家，他创造这个宇宙出来，全是为着自己要创造，要欣赏。其实这种见解也并不减低神的身份。耶稣教的神只是一班穷叫花子中的一个肯施舍的财主佬，而一般哲人心中的神，则是以宇宙为乐曲而要在这种乐曲之中见出和谐的音乐家。这两种观念究竟是哪一个伟大呢？在西方哲人想，神只是一片精灵，他的活动绝对自由而不受限制，至于人则为肉体的需要所限制而不能绝对自由。人愈能脱肉体需求的限制而做自由活动，则离神亦愈近。“无所为而为的玩索”是唯一的自由活动，所以成为最上的理想。

这番话似乎有些玄渺，在这里本来不应说及。不过无论你相信不相信，有许多思想却值得当作一个意象悬在心眼前来玩味玩味。我自己在闲暇时也欢喜看看哲学书籍。老实说，我对于许多哲学家的话都很怀疑，但是我觉得他们有趣。我以为穷到究竟，一切哲学系统也都只能当作艺术作品去看。哲学和科学穷到极境，都是要满足求知的欲望。每个哲学家和科学家对于他自己所见到的一点真理（无论它究竟是不是真理）都觉得有趣味，都用一股热忱去欣赏它。真理在离开实用而成为情趣中心时就

创造亚当
米开朗基罗
西斯廷教堂

已经是美感的对象了。“地球绕日运行”“勾方加股方等于弦方”一类的科学事实，和《密罗斯爱神》或《第九交响曲》一样可以摄魂震魄。科学家去寻求这一类的事实，穷到究竟，也正因为它们可以摄魂震魄。所以科学的活动也还是一种艺术的活动，不但善与美是一体，真与美也并没有隔阂。

谈谈笑笑，跑跑跳跳

我们都不过是自然的奴隶，
要征服自然，
只得服从自然。
违反自然，
烦恼才乘虚而入，
要排解烦闷，
也须得使你的自然冲动
有机会发泄。

朋友：

从屡次来信看，你的心境近来似乎很不宁静。烦恼究竟是一种暮气，是一种病态，你还是一个十八九岁的青年，就这样颓唐沮丧，我实在替你担忧。

一般人欢喜谈玄，你说烦恼，他便从“哲学辞典”里拖出“厌世主义”“悲观哲学”等等堂哉皇哉的字样来叙你的病由。我不知道你感觉如何？我自己从前仿佛也尝过烦恼的况味，我只觉得忧来无方，不但人莫之知，连我自己也莫名其妙，那里有所谓哲学与人生观！我也些微领过哲学家的教训：在心气和平时，我景仰希腊廊下派哲学者，相信人生当皈依自然，不当存有嗔喜贪恋。我景仰托尔斯泰，相信人生之美在宥与爱；我景仰布朗宁，相信世间有丑才能有美，不完全乃真完全，然而外感偶来，心波立涌，拿天大的哲学，也抵挡不住。这固然是由于缺乏修养，但是青年们有几个修养到“不动心”的地步呢？从前长辈们往往拿“应该不应该”的大道理向我说法。他们说，像我这样一个青年应该活泼泼的，不应该暮气沉沉的，应该努力做学问，不应该把自己的忧乐放在心头。谢谢罢，请留着这副“应该”的方剂，将来患烦恼的人还多呢！

朋友，我们都不过是自然的奴隶，要征服自然，只得服从自然。违反自然，烦恼才乘虚而人，要排解烦闷，也须得使你的自然冲动有机会发泄。人生来好动，好发展，好创造。能动，能发展，能创造，便是顺从自然，便能享受快乐，不动，不发展，不创造，便是摧残生机，便不免感觉烦恼。这种事实在流行语中就可以见出，我们感觉快乐时说“舒畅”，感觉不快乐时说“抑郁”。这两个字样可以用作形容词，也可以用作动词。用作形容词时，它们描写快或不快的状态。用作动词时，我们可以说它们说明快或不快的原因。你感觉烦恼，因为你的生机被抑郁；你要想快乐，须得使你的生机能舒畅，能宣泄。流行语中又有“闲愁”的字样，闲人大半易于发愁，就因为闲时生机静止而不舒畅。青年人比老年人易于发愁些，因为青年人的生机比较强旺。小孩子们的生机也很强旺，然而不知道愁苦，因为他们时时刻刻的游戏，所以他们的生机不至于被抑郁。小孩子们偶尔不很乐意，便放声大哭，哭过了气就消去。成人们感觉烦恼时也还要拘礼节，哪能由你放声大哭呢？黄连苦在心头，所以愈觉其苦。歌德少时因失恋而想自杀，幸而他的文机动了，埋头两礼拜著成一部《少年维特之烦恼》，书成了，他的气也泄了，自杀的念头也打消了。你发愁时并不一定要著书，你就读几篇哀歌，听一幕悲剧，借酒浇愁，也可以大畅胸怀。从前我很疑惑何以剧情愈悲而读之愈觉其快意，近来才悟得这个泄与郁的道理。

总之，愁生于郁，解愁的方法在泄；郁由于静止，求泄的方法在动。从前儒家讲心性的话，从近代心理学眼光看，都很粗疏，只有孟子的“尽性”一个主张，含义非常深广。一切道德学说都不免肤浅，如果不从“尽性”的基点出发。如果把“尽性”两字懂得透彻，我以为生活目的在此，生活方法也就在此。人性固然是复杂的，可是人是动物，基本性不外乎动。从动的中间我们可以寻出无限快感。这个道理我可以拿两种小事来印证：从前我住在家里，自己的书房总欢喜自己打扫。每看到书籍零乱，灰尘满地，你亲自去洒扫一过，霎时间混浊的世界变成明窗净几，此时悠然就坐，游目骋怀，乃觉有不可言喻的快慰；再比方你自己是欢喜打网球的，当你起劲打球时，你还记得天地间有所谓烦恼么？

你大约记得晋人陶侃的故事。他老来罢官闲居，找不得事做，便去搬砖。晨间把一百块砖由斋里搬到斋外，暮间把一百块砖由斋外搬到斋里。人问其故，他说：“吾方致力中原，过尔优逸，恐不堪事。”他又尝对人说：“大禹圣人，乃惜寸阴，至于众人，当惜分阴。”其实惜阴何必定要搬砖，不过他老先生还很茁壮，借这个玩艺儿多活动活动，免得抑郁无聊罢了。

朋友，闲愁最苦！愁来愁去，人生还是那么样一个人生，世界也还是那么样一个世界。假如把自己看得伟大，你对于烦恼，当有“不屑”的看待；假如把自己看得渺小，你对于烦恼当有“不值得”的看待。我劝你多打网球，多弹钢琴，多栽花木，多搬砖弄瓦。假如你不喜欢这些玩艺儿，你就谈谈笑笑，跑跑跳跳，也是好的。就在此祝你

谈谈笑笑，

跑跑跳跳！

你的朋友 孟实

忙里偶然偷闲，闹中偶然觅静

在百忙中，在尘世喧嚷中，
你偶然丢开一切，
悠然遐想，
你心中便蓦然似有一道灵光闪烁，
无穷妙悟便源源而来。
这就是忙中静趣。

朋友：

前信谈动，只说出一面真理，人生乐趣一半得之于活动，也还有一半得之于感受。所谓“感受”是被动的，是容许自然界事物感动我的感官和心灵。这两个字涵义极广。眼见颜色，耳闻声音，是感受，见颜色而知其美，闻声音而知其和，也是感受。同一美颜，同一和声，而各个人所见到的美与和的程度又随天资境遇而不同。比方路边有一棵苍松，你看见它只觉得可以砍来造船；我见到它可以让人纳凉；旁人也许说它很宜于入画，或者说它是高风亮节的象征。再比方街上有一个乞丐，我只能见到他的蓬头垢面，觉得他很讨厌；你见他便发慈悲心，给他一个铜子；旁人见到他也许立刻发下宏愿，要打翻社会制度。这几个人反应不同，都由于感受力有强有弱。

世间天才之所以为天才，固然由于具有伟大的创造力，而他的感受力也分外比一般人强烈。比方诗人和美术家，你见不到的东西他能见到，你闻不到的东西他能闻到。麻木不仁的人就不然，你就请伯牙向他弹琴，他也只联想到棉匠弹棉花。感受也可以说是“领略”，不过领略只是感受的一方面。世界上最快活的人不仅是最活动的人，也是最能领略的人。所谓领略，就是能在生活中寻出趣味。好比喝茶，渴汉只管满口吞咽，会喝茶的人却一口一口的啜吸，能领略其中风味。

能处处领略到趣味的人决不至于岑寂，也决不至于烦闷。朱子有一首诗说：“半亩方塘一鉴开，天光云影共徘徊。问渠那得清如许？为有源头活水来。”这是一种绝美的境界。你姑且闭目一思索，把这幅图画印在脑里，然后假想这半亩方塘便是你自己的心，你看这首诗比拟人生苦乐多么惬当！一般人的生活干燥，只是因为他们的“半亩方塘”中没有天光云影，没有源头活水来，这源头活水便是领略得的趣味。

领略趣味的能力固然一半由于天资，一半也由于修养。大约静中比较容易见出趣味。物理上有一条定律说：两物不能同时并存于同一空间。这个定律在心理方面也可以说得通。一般人不能感受趣味，大半因为心地太忙，不空所以不灵。我所谓“静”，便是指心界的空灵，不是指物界的沉寂，物界永远不沉寂的。你的心境愈空灵，你愈不觉得物界沉寂，或者我还可以进一步说，你的心境愈空灵，你也愈不觉得物界喧嘈。所以习静并不必定要逃空谷，也不必定学佛家静坐参禅。静与闲也不同。许多闲人不必都能领略静中趣味，而能领略静中趣味的人，也不必定要闲。在百忙中，在尘世喧嚷中，你偶然丢开一切，悠然遐想，你心中便蓦然似有一道灵光闪烁，无穷妙悟便源源而来。这就是忙中静趣。

我这番话都是替两句人人知道的诗下注脚。这两句诗就是“万物静观皆自得，四时佳兴与人同。”大约诗人的领略力比一般人都要大。

近来看周启孟的《雨天的书》引日本人小林一茶的一首俳句：“不要打哪，苍蝇搓他的手，搓他的脚呢。”觉得这种情境真是幽美。你懂得这一句诗就懂得我所谓静趣。中国诗人到这种境界的也很多。现在姑且就一时所想到的写几句给你看：

"鱼戏莲叶东，鱼戏莲叶西，鱼戏莲叶南，鱼戏莲叶北。"

——古诗，作者姓名佚

"山涤余霭，宇暖微霄。有风自南，翼彼新苗。"

——陶渊明《时运》

"采菊东篱下，悠然见南山。山气日夕佳，飞鸟相与还。

——陶渊明《饮酒》

"目送飘鸿，手挥五弦。俯仰自得，游心太玄。"

——嵇叔夜《送秀才从军》

"倚杖柴门外，临风听暮蝉。渡头余落日，墟里上孤烟。"

——王摩诘《赠裴迪》

像这一类描写静趣的诗，唐人五言绝句中最多。你只要仔细玩味，你便可以见到这个宇宙又有一种景象，为你平时所未见到的。梁任公的《饮冰室文集》里有一篇谈"烟士披里纯"，詹姆斯的《与教员学生谈话》(James:Talks To Teachers and Students)里面有三篇谈人生观，关于静趣都说得很透辟。可惜此时这两部书都不在手边，不能录几段出来给你看。你最好自己到图书馆里去查阅。詹姆斯的《与教员学生谈话》那三篇文章(最后三篇)尤其值得一读，记得我从前读这三篇文章，很受他感动。

静的修养不仅是可以使你领略趣味，对于求学处世都有极大帮助。释迦牟尼在菩提树阴静坐而证道的故事，你是知道的。古今许多伟大人物常能在仓皇扰乱中雍容应付事变，丝毫不觉张皇，就因为能镇静。现代生活忙碌，而青年人又多浮躁。你站在这潮流里，自然也难免跟着旁人乱嚷。不过忙里偶然偷闲，闹中偶然觅静，于身于心，都有极大裨益。你多在静中领略些趣味，不特你自己受用，就是你的朋友们看着你也快慰些。我生平不怕呆人，也不怕聪明过度的人，只是对着没有趣味的人，要勉强同他说应酬话，真是觉得苦也。你对着有趣味的人，你并不必多谈话，只是默然相对，心领神会，便可觉得朋友中间的无上至乐。你有时大概也发生同样感想罢?

眠食诸希珍重!

你的朋友 孟实

慈慧殿三号

我欢喜一切生物和无生物尽量地
维持它们的本来面目，
我欢喜自然的粗率和芜乱，
所以我始终不能真正地欣赏一个很
整齐有秩序、路像棋盘、常青树剪
成几何形体的园子。

慈慧殿并没有殿，它只是后门里一个小胡同，因西口一座小庙得名。庙中供的是什么菩萨，我在此住了三年，始终没有去探头一看，虽然路过庙门时，心里总是要费一番揣测。慈慧殿三号和这座小庙隔着三四家居户，初次来访的朋友们都疑心它是庙，至少，它给他们的是一座古庙的印象，尤其是在树没有叶的时候；在北平，只有夏天才真是春天，所以慈慧殿三号像古庙的时候是很长的。它像庙，一则是因为它荒凉，二则是因为它冷清，但是最大的类似点恐怕在它的建筑，它孤零零地兀立在破墙荒园之中，显然与一般民房不同。这三年来，我做了它的临时“住持”，到现在仍没有请书家题一个某某斋或某某馆之类的扁额来点缀，始终很固执地叫它“慈慧殿三号”，这正如有庙无佛，多一事不如省一事。

慈慧殿三号的左右邻家都有崭新的朱漆大门，它的破烂污秽的门楼居在中间，越发显得它是一个破落户的样子。一进门，右手是一个煤栈，是今年新搬来的，天晴时天井里右方隙地总是晒着煤球，有时门口停着运煤的大车以及它所应有的附属品——黑麻布袋，黑牲口，满面涂着黑煤灰的车夫。在北方居过的人会立刻联想到一种类型的龌龊场所。一黏上煤没有不黑不脏的,你想想德胜门外,门头沟车站或是旧工厂的锅炉房，你对于慈慧殿三号的门面就可以想象得一个大概。

和煤栈对面的——仍然在慈慧殿三号疆域以内——是一个车房，所谓“车房”就是停人力车和人力车夫居住的地方。无论是停车的或是住车夫的房子照例是只有三面墙，一面露天。房子对于他们的用处只是遮风雨；至于防贼，掩盖秘密，都全是另一个阶级的需要。慈慧殿三号的门楼左手只有两间这样三面墙的房子，五六个车子占了一间；在其余的一间里，车夫，车夫的妻子和猫狗进行他们的一切活动：做饭、吃饭、睡觉、养儿子、会客谈天等等。晚上回来，你总可以看见车夫和他的大肚子的妻子“举案齐眉”式的蹬在地上用晚饭，房东的看门的老太婆捧着长烟杆，闭着眼睛，坐在旁边吸旱烟。有时他们围着那位精明强干的车夫听他演说时事或故事。虽无瓜架豆棚，却是乡村式的太平岁月。

这些都在二道门以外。进二道门一直望进去是一座高大而空阔的四合房子。里面整年地鸦雀无声，原因是唯一的男主人天天是夜出早归，白天里是他的高卧时间；其余尽是妇道之家，都挤在最后一进房子，让前面的房子空着。房子里面从“御赐”的屏风到四足不全的椅凳都已逐渐典卖干净，连这座空房子也已经抵押了超过卖价的债项。这里面七八口之家怎样撑持他们的槁木死灰的生命是谁也猜不出来的疑案。在三十年以前他们是声威煊赫的“黄带子”，杀人不用偿命的。我和他们整年无交涉，除非是他们的“大爷”偶尔拿一部宋拓圣教序或是一块端砚来向我换一点烟资，他们的小姐们每年照例到我的园子里来两次，春天来摘一次丁香花，秋天来打一次枣子。

煤栈，车房，破落户的旗人，北平的本地风光算是应有尽有了。我

蒙索花园
[法]克劳德·莫奈
1876

所住持的“庙”原来和这几家共一个大门出入，和它们公用“慈慧殿三号”的门牌，不过在事实上是和他们隔开来的。进二道门之后向右转，当头就是一道隔墙。进这隔墙的门才是我所特指的“慈慧殿三号”。本来这园子的几十丈左右长的围墙随处可以打一个孔，开一个独立的门户。有些朋友们嫌大门口太不像样子，常劝我这样办，但是我始终没有听从，因为我舍不得煤栈车房所给我的那一点劳动生活的景象，舍不得进门时那一点曲折和跨进园子时那一点突然惊讶。如果自营一个独立门户，这几个美点就全毁了。

从煤栈车房转弯走进隔墙的门，你不能不感到一种突然惊讶。如果是早晨的话，你会立刻想到“清晨入古寺，初日照高林。曲径通幽处，禅房花木深”几句诗恰好配用在这里的。百年以上的老树到处都可爱，尤其是在城市里成林；什么种类都可爱，尤其是松柏和楸。这里没有一棵松树，我有时不免埋怨百年以前经营这个园子的主人太疏忽。柏树也只有一棵大的，但是它确实是大，而且一走进隔墙门就是它，它的浓阴布满了一个小院子，还分润到三间厢房。柏树以外，最多的是枣树，最稀奇的是楸树。北平城里人家有三棵两棵楸树的便视为珍宝。这里的楸树一数就可以数上十来棵，沿后院东墙脚的一排七棵俨然形成一段天然的墙。我到北平以后才见识楸树，一见就欢喜它。它在树木中间是神仙中间的铁拐李，《庄子》所说的:“大本臃肿而不中绳墨，小枝卷曲而不中规矩”，拿来形容楸似乎比形容樗更恰当。最奇怪的是这臃肿卷曲的老树到春天来会开类似牵牛的白花，到夏天来会放类似桑榆的碧绿的嫩叶。这园子里树木本来很杂乱，大的小的，高的低的，不伦不类地混在一起；但是这十来棵楸树在杂乱中辟出一个头绪来，替园子注定一个很明显的个性。

我不是能雇用园丁的阶级中人，要说自己动手拿锄头喷壶吧，一时兴到，容或暂以此为消遣，但是“一日曝之，十日寒之”，究竟无济于事，所以园子终年是荒着的。一到夏天来，狗尾草、蒿子、前几年枣核落下地所长生的小树，以及许多只有植物学家才能辨别的草都长得有腰深。偶尔栽几棵丝瓜、玉蜀黍，以及西红柿之类的蔬菜，到后来都没在草里看不见。我自己特别挖过一片地，种了几棵芍药，两年没有开过一朵花。所以园子里所有的草木花都是自生自长用不着人经营的。秋天栽菊花比较成功，因为那时节没有多少乱草和它作剧烈的“生存竞争”。这一年以来，厨子稍分余暇来做“开荒”的工作，但是乱草总是比他勤快，随拔随长，日夜不息。如果任我自己的脾胃，我觉得对于园子还是取绝对的放任主义较好。我的理由并不像浪漫时代诗人们所怀想的，并不是要找一个荒凉凄惨的境界来配合一种可笑的伤感。我欢喜一切生物和无生物尽量地维持它们的本来面目，我欢喜自然的粗率和芜乱，所以我始终不能真正地欣赏一个很整齐有秩序，路像棋盘，常青树剪成几何形体的园子，这正如我不喜欢赵子昂的字、仇英的画，或是一个中年妇女的油头粉面。我不要求房东把后院三间有顶无墙的破屋拆去或修理好，也是因为这个缘故。它要倒塌，就随它自己倒塌去；它一日不倒塌，我一日尊重它的生存权。

园子里没有什么家畜动物。三年前宗岱和我合住的时节，他在北海里捉得一只刺猬回来放在园子里养着。后来它在夜里常作怪声气，惹得老妈见神见鬼。近来它穿墙迁到邻家去了，朋友送了一只小猫来，算是补了它的缺。鸟雀儿北方本来就不多，但是因为几十棵老树的招邀，北方所有的鸟雀儿这里也算应有尽有。长年的顾客要算老鸹。它大概是鸦的别名，不过我没有下过考证。在南方它是不祥之鸟，在北方听说它有什么神话传说保护它，所以它虽然那样地“语言无谓，面目可憎”，却没有人肯剿灭它。它在鸟类中大概是最爱叫苦爱吵嘴的。你整年都听它在叫，但是永远听不出一点叫声是表现它对于生命的欣悦。在天要亮未亮的时候，它叫得特别起劲，它仿佛拼命地不让你享受香甜的晨睡，你不醒，它也引你做惊惧梦。我初来时曾买了弓弹去射它，后来弓坏了，弹完了，也就只得向它投降。反正披衣冒冷风起来驱逐它，你也还是不能睡早觉。老鸹之外，麻雀甚多，无可记载。秋冬之季常有一种颜色极漂亮的鸟雀成群飞来，形状很类似画眉，不过不会歌唱。宗岱在此时硬说它来有喜兆，相信它和他请铁板神算家所批的八字都预兆他的婚姻恋爱的成功，但是他的讼事终于是败诉，他所追求的人终于是高飞远扬。他搬走以后，这奇怪的鸟雀到了节令仍旧成群飞来。鉴于往事，我也就不肯多存奢望了。

有一位朋友的太太说慈慧殿三号颇类似《聊斋志异》中所常见的故

家第宅，“旷废无居人，久之蓬蒿渐满，双扉常闭，白昼亦无敢入者……”，但是如果有一位好奇的书生在月夜里探头进去一看，会瞟见一位散花天女，嫣然微笑，叫他“不觉神摇意夺”，如此等情……我本凡胎，无此缘分，但是有一件“异”事也颇堪一“志”。有一天晚上，我躺在沙发上看书，凌坐在对面的沙发上共着一盏灯做针线，一切都沉在寂静里，猛然间听见一位穿革履的女人滴滴答答地从外面走廊的砖地上一步一步地走进来。我听见了，她也听见了，都猜着这是沉樱来了——她有时踏这种步声走进来。我走到门前掀帘子去迎她，声音却没有了，什么也没有看见。后来再四推测所得的解释是街上行人的步声，因为夜静，虽然是很远，听起来就好像近在咫尺。这究竟很奇怪，因为我们坐的地方是在一个很空旷的园子里，离街很远，平时在房子里绝对听不见街上行人的步声，而且那次听见步声分明是在走廊的砖地上。这件事常存在我的心里，我仿佛得到一种启示，觉得我在这城市中所听到的一切声音都像那一夜所听到的步声，听起来那么近，而实在却又那么远。

后门大街

人生第一乐趣是朋友的契合，
真正亲切的朋友都要结在幼年，
人过三十，
都不免不由自主地染上一些世故气，
很难结交真正情趣相投的朋友。

人生第一乐趣是朋友的契合。假如你有一个情趣相投的朋友居在邻近，风晨雨夕，彼此用不着走许多路就可以见面，一见面就可以毫无拘束地闲谈，而且一谈就可以谈出心事来，你不嫌他有一点怪脾气，他也不嫌你迟钝迂腐，像约翰逊和鲍斯韦尔在一块儿似的，那你就没有理由埋怨你的星宿。这种幸福永远使我可望而不可攀。第一，我生性不会谈话，和一个朋友在一块儿坐不到半点钟，就有些心虚胆怯，刻刻意识到我的呆板干枯叫对方感到乏味。谁高兴向一个只会说“是的”“那也未见得”之类无谓语的人溜嗓子呢？其次，真正亲切的朋友都要结在幼年，人过三十，都不免不由自主地染上一些世故气，很难结交真正情趣相投的朋友。“相识满天下，知心能几人？”虽是两句平凡语，却是慨乎言之。因此，我唯一的解闷的方法就只有逛后门大街。

居过北平的人都知道北平的街道像棋盘线似的依照对称原则排列。有东四牌楼就有西四牌楼，有天安门大街就有地安门大街。北平的精华可以说全在天安门大街。它的宽大、整洁、辉煌，立刻就会使你觉到它象征一个古国古城的伟大雍容的气象。地安门（后门）大街恰好给它做一个强烈的反称。它偏僻、阴暗、湫隘、局促，没有一点可以叫一个初来的游人留恋。我住在地安门里的慈慧殿，要出去闲逛，就只有这条街最就便。我无论是阴晴冷热，无日不出门闲逛，一出门就很机械地走到后门大街。它对于我好比一个朋友，虽是平凡无奇，因为天天见面，很熟习，也就变成很亲切了。

从慈慧殿到北海后门比到后门大街也只远几百步路。出后门，一直向北走就是后门大街，向西转稍走几百步路就是北海。后门大街我无日不走，北海则从老友徐中舒随中央研究院南迁以后（他原先住在北海），我每周至多只去一次。这并非北海对于我没有意味，我相信北海比我所见过的一切园子都好，但是北海对于我终于是一种奢侈，好比乡下姑娘的唯一的一件漂亮衣，不轻易从箱底翻出来穿一穿的。有时我本预备去北海，但是一走到后门，就变了心眼，一直朝北去走大街，不向西转那一个弯。到北海要买门票，花二十枚铜子是小事，免不着那一层手续，究竟是一种麻烦；走后门大街可以长驱直入，没有站岗的向你伸手索票，打断你的幻想。这是第一个分别。在北海逛的是时髦人物，个个是衣裳楚楚，油头滑面的。你头发没有梳，胡子没有光，鞋子也没有换一双干净的，“囚首垢面而谈诗书”，已经是大不韪，何况逛公园？后门大街上走的尽是贩夫走卒，没有人嫌你怪相，你可以彻底地“随便”。这是第二个分别。逛北海，走到“仿膳”或是“漪澜堂”的门前，你不免想抬头看看那些喝茶的中间有你的熟人没有，但是你又怕打招呼，怕那里有你的熟人，故意地低着头匆匆地走过去，像做了什么坏事似的。在后门大街上你准碰不见一个熟人，虽然常见到彼此未通过姓名的熟面孔，也各行其便，用不着打无谓的招呼。你可以尽量地饱尝着“匿名者”(incognito)的心中一点自由而诡秘的意味。这是第三个分别。因为这些缘故,我老是牺牲北海的朱梁画栋和香荷绿柳而独行踽踽于后门大街。

到后门大街我很少空手回来。它虽然是破烂，虽然没有半里路长，却有十几家古玩铺、一家旧书店。这一点点缀可以见出后门大街也曾经过一个繁华时代,阅历过一些沧桑岁月,后门旧为旗人区域,旗人破落了,后门也就随之破落。但是那些破落户的破铜破铁还不断地送到后门的古玩铺和荒货摊。这些东西本来没有多少值得收藏的，但是偶尔遇到一两件，实在比隆福寺和厂甸的便宜，我花过四块钱买了一部明初拓本《史晨碑》，六块钱买了二十几锭乾隆御墨，两块钱买了两把七星双刀，有时候花几毛钱买一个磁瓶、一张旧纸，或是一个香炉。这些小东西本无足贵，但是到手时那一阵高兴实在是很值得追求，我从前在乡下时学过钓鱼，常蹬半天看不见浮标幌影子，偶然钓起来一个寸长的小鱼，虽明知其不满一咽，心里却非常愉快，我究竟是钓得了，没有落空。我在后门大街逛古董铺和荒货摊，心情正如钓鱼，鱼是小事，钓着和期待着有趣，钓得到什么，自然更是有趣。许多古玩铺和旧书店的老板都和我由熟识而成好朋友。过他们的门前，我的脚不由自主地踏进去。进去了，看了半天，件件东西都还是昨天所见过的。我自己觉得翻了半天还是空手走，有些对不起主人；主人也觉得没有什么新东西可以卖给我，心里有些歉然。但是这一点不尴尬，并不能妨碍我和主人的好感，到明天，我的脚还是照旧地不由自主地踏进他的门，他也依旧打起那副笑面孔接待我。

后门大街龌龊，是无用讳言的。就目前说，它虽不是贫民窟，一切却是十足的平民化。平民的最基本的需要是吃，后门大街上许多活动都是根据这个基本需要而在那里川流不息地进行。假如你是一个外来人在后门大街走过一趟之后，坐下来搜求你的心影，除着破铜破铁破衣破鞋之外，就只有青葱大蒜、油条烧饼和卤肉肥肠，一些油腻腻灰灰土土的七三八四和苍蝇骆驼混在一堆在你的昏眩的眼帘前幌影子。如果你回想你所见到的行人，他不是站在锅炉旁嚼烧饼的洋车夫，就是坐在扁担上看守大蒜咸鱼的小贩。那里所有的颜色和气味都是很强烈的。这些混乱而又秽浊的景象有如陈年牛酪和臭豆腐乳，在初次接触时自然不免惹起你的嫌恶；但是如果你尝惯了它的滋味，它对于你却有一种不可抵御的引诱。

别说后门大街平凡，它有的是生命和变化！只要你有好奇心，肯乱窜，在这不满半里路长的街上和附近，你准可以不断地发见新世界。我逛过一年以上，才发见路西一个夹道里有一家茶馆。花三大枚的水钱，你可以在那儿坐一晚，听一部《济公传》或是《长坂坡》。至于火神庙里那位老拳师变成我的师傅，还是最近的事。你如果有幽默的癖性，你随时可以在那里寻到有趣的消遣。有一天晚上我坐在一家旧书铺里，从外面进来一个跛子，向店主人说了关于他的生平一篇可怜的故事，讨了一个铜子出去。我觉得这人奇怪，就起来跟在他后面走，看他跛进了十几家店铺之后，腿子猛然直起来，踏着很平稳安闲的大步，唱“我好比南来雁”，沉没到一个阴暗的夹道里去了。在这个世界里的人们，无论他们的生活是复杂或简单，关于谁你能够说，“我真正明白他的底细”呢？

一到了上灯时候，尤其在夏天，后门大街就在它的古老躯干之上尽量地炫耀近代文明。理发馆和航空奖券经理所的门前悬着一排又一排的百支烛光的电灯，照像馆的玻璃窗里所陈设的时装少女和京戏名角的照片也越发显得光彩夺目。家家洋货铺门上都张着无线电的大口喇叭，放送京戏鼓书相声和说不尽的许多其他热闹玩意儿。这时候后门大街就变成人山人海，左也是人，右也是人，各种各样的人。少奶奶牵着她的花簇簇的小儿女，羊肉店的老板扑着他的芭蕉叶，白衫黑裙和翻领卷袖的学生们抱着膀子或是靠着电线杆，泥瓦匠坐在阶石上敲去旱烟筒里的灰，大家都一齐心领神会似的在听，在看，在发呆。在这种时会，后门大街上准有我；在这种时会，我丢开几十年教育和几千年文化在我身上所加的重压，自自在在地沉没在贤愚一体、皂白不分的人群中，尽量地满足牛要跟牛在一块，蚂蚁要跟蚂蚁在一块那一种原始的要求。我觉得自己是这一大群人中的一个人，我在我自己的心腔血管中感觉到这一大群人的脉搏的跳动。

后门大街，对于一个怕周旋而又不甘寂寞的人，你是多么亲切的一个朋友！

游春自然是赶花会

平畴在望，
清风徐来，
真所谓“无边光景一时新”，
你纵是老年人，
也会觉得年轻十岁了。

紫陌红尘拂面来，无人不道看花回。

——刘禹锡

成都整年难得见太阳，全城的人天天都埋在阴霾里，像古井阑的苔藓，他们浑身染着地方色彩，浸润阴幽，沉寂，永远在薄雾浓云里度过他们的悠悠岁月。他们好闲，却并不甘寂寞，吃饭、喝茶、逛街、看戏，都向人多的处所挤。挤来挤去，左右不过是那几个地方。早上坐少城公园的茶馆，晚上逛春熙路、西东大街以及满街挂着牛肉的皇城壩，你会想到成都人没有在家里坐着的习惯，有闲空总得出门，有热闹总得挨凑进去。成都人的生活可以说是“户外的”，但是同时也是“城里的”。翻来覆去，总跳不出这个城圈子。五十万的人口，几十方里的面积，形成一种大规模的蜂巢蚁穴。所以表面看来，车如流水马如龙，无处不是骚动，而实际上这种骚动只是蛰伏式的蠕动，像成都一位老作家所说的“死水微澜”。

花会时节是成都人的惊蛰期。举行花会的地方是西门外的青羊宫。这座大道观据说是从唐朝遗留下来的。花会起于何朝何代，尚待考据家去推断，大概来源也很早。成都的天气是著名的阴沉，但在阳春三月，风光却特别明媚。春来得迟，一来了，气候就猛然由温暖而热燥，所以在其他地带分季开放的花卉在成都却连班出现。梅花茶花没有谢，接着就是桃杏，桃杏没有谢，接着就是木槿建兰芍药。在三月里你可以同时见到冬春夏三季的花。自然，最普遍的花要算菜花。成都大平原纵横有五六百里路之广。三月间登高一望，视线所能达到的地方尽是菜花麦苗，金黄一片,杂以油绿,委实是一种大观。在太阳之下,花光草色如怒火放焰,闪闪浮动，固然显出山河浩荡生气蓬勃的景象，有时春阴四布，小风薄云，苗青鹊静，亦别有一番清幽情致。这时候成都人，无论是男女老少，便成群结队地出城游春了。

游春自然是赶花会。花会之名并不副实。陈列各种时花的地方是庙东南一个偏僻的角落。所陈列的不过是一些普通花卉，并无名品，据说今年花会未经政府提倡，没有往年的热闹，外县以及本城的名园都没有把他们的珍品送来。无论如何，到花会来的人重要目的并不在看花而在凑热闹看人。成都人究竟是成都人，丢不开那古老城市的风俗习惯。花会场所还是成都城市的具体而微。古董摊和书画摊是成都搬来的会府和西玉龙街，铜铁摊是成都搬来的东御街，著名的吴抄手在此有临时分店，临时茶馆菜馆面馆更简直都还是成都城里的那种气派。每个菜馆后面差不多都有个蔑篷，一个大蔑箱似的东西只留着一个方孔做门，门上挂着大红布帘。里面锣鼓喧聒，川戏、相声、洋琴、大鼓、杂耍，应有尽有。纵横不过一里的地方，除着成都城里所有的形形色色之外，还有乡下人摆的竹器木器花根谷种以至于锄头菜刀水桶烟杆之类。地方小，花样多，所以挤，所以热闹。大家来此，吃，喝，买，卖，“耍”，看，城里人来看乡下人，乡下人来看城里人，男的来看女的，女的来看男的。好一幅仇十洲的清明上河图，虽然它所表现的不尽是太平盛世的攘往熙来的盛况。

除掉几条繁盛街道之外，成都在大体上还保存着古代城市的原始风味。舶来品尽管在电光闪烁之下惊心夺目，在幽暗僻静的街道里，铜铁匠还是用钉锤锻生铜制铁制水烟袋，织工们还是在竹框撑紧的蜀锦上一针一线地绣花绣鸟。所有的道地的工商业都还是手工品的工商业。他们的制法和用法都有很长久的传统做基础。要是为实用的，它们必定是坚实耐久；要是为玩耍的，它们必定是精细雅致。一个水桶的提手横木可以粗得像屋梁，一茎狗尾草叶可以编成口眼脚翅全具的蚱蜢或蜻蜓。只要你还保存有几分稚气，花会中所陈列的这些大大小小的物品件件都很可以使你流连。假如你像我的话，有一个好玩的小孩子，你可注意的东西就更多，风车、泥人、木马、小花篮，以及许多形形色色的小玩具都可以使你自慰不虚此行。此外，成都人古董书画之癖在花会里也可以略窥一二。老君堂的里外前后的墙壁都挂满着字画，台阶上都摆满着碑帖。自然，像一般的中国人，成都人也很会制造假古董，也很喜欢买假古董。花会之盛，这也是一个原因。

花会之盛还另有一个原因，就是在一般人心理中，青羊宫里所供奉的那位李老君是神通广大的道教祖。青羊者据说是李老君西升后到成都显圣所骑的牲畜。后人记念这个圣迹，立祠奉祀。于今青羊宫正殿里还有两头青铜铸成的羊子，一牝一牡，牝左牡右。单讲这两匹羊的形样，委实是值得称赞的艺术品。到花会的人少不得都要摸一摸这两匹羊。据说有病的人摸它们一摸，病就会自然痊愈。摸的地方也有讲究，头病摸头脚病摸脚，错乱不得。古往今来病头病脚以及病非头非脚的地方者大概不少，所以于今这两匹羊周身被摸得精光。羊尚如此，老君本人可知，于是老君堂上满挂着前朝巡抚提督现代省长督军亲书或请人代书的匾额。金光四耀，煞是妙相庄严，到此不由人不肃然起敬，何况青羊宫门槛之高打破任何记录！祈财、祈子、祈福、祈寿、祈官，都得爬过这高门槛向老君进香。爬这高门槛的身手不同，奇态便不免百出。七八十岁的老太太须得放下拐杖，用双手伏在门槛上，然后徐徐把双脚迈过去。至于摩登小姐也有提起旗袍叉口，一大步就迈过去的。大殿上很整秩地摆着一列又一列的棕制蒲团。跪在蒲团上捧香默祷的有乡下佬，有达官富商，也有脚踏高跟皮鞋襟口挂着自来水笔的摩登小姐，如上文所云一大步就迈进门户槛的。在这里新旧两代携手言欢，各表心愿。香炉之旁，例有钱桶。花会时钱桶易满。站在香炉旁烧香的道士此时特别显得油光滑面，喜笑颜开。“临邛道士鸿都客，能以精诚致魂魄”，此风至今未泯也。

成都素有小北平之称。熟习北平的人看到花会自然联想到厂甸的庙会，它们都是交易、宗教、游玩打成一片的。单就陈列品说，厂甸较为丰富精美，但是就天时与地利说，成都花会赶春天在乡村举行，实在占不少的便宜。逛花会不尽是可以凑热闹，买玩意儿，祈财求子，还可以趁风和日暖的时候吐一吐城市的秽浊空气，有如古人的修禊，青羊宫本身固然也不很清洁，那里人山人海中的空气也不见得清新。可是花会逛过了，沿着城西郊马路回城，或是刚出城时沿着城西郊赴花会，平畴在望，清风徐来，路右边一阵又一阵的男男女女带着希望去，左边一阵又一阵的男男女女提着风车或是竹篮回来，真所谓“无边光景一时新”，你纵是老年人，也会觉得年轻十岁了。人过中年，难得常有这样少年的兴致。让我赞美这成都花会啊！

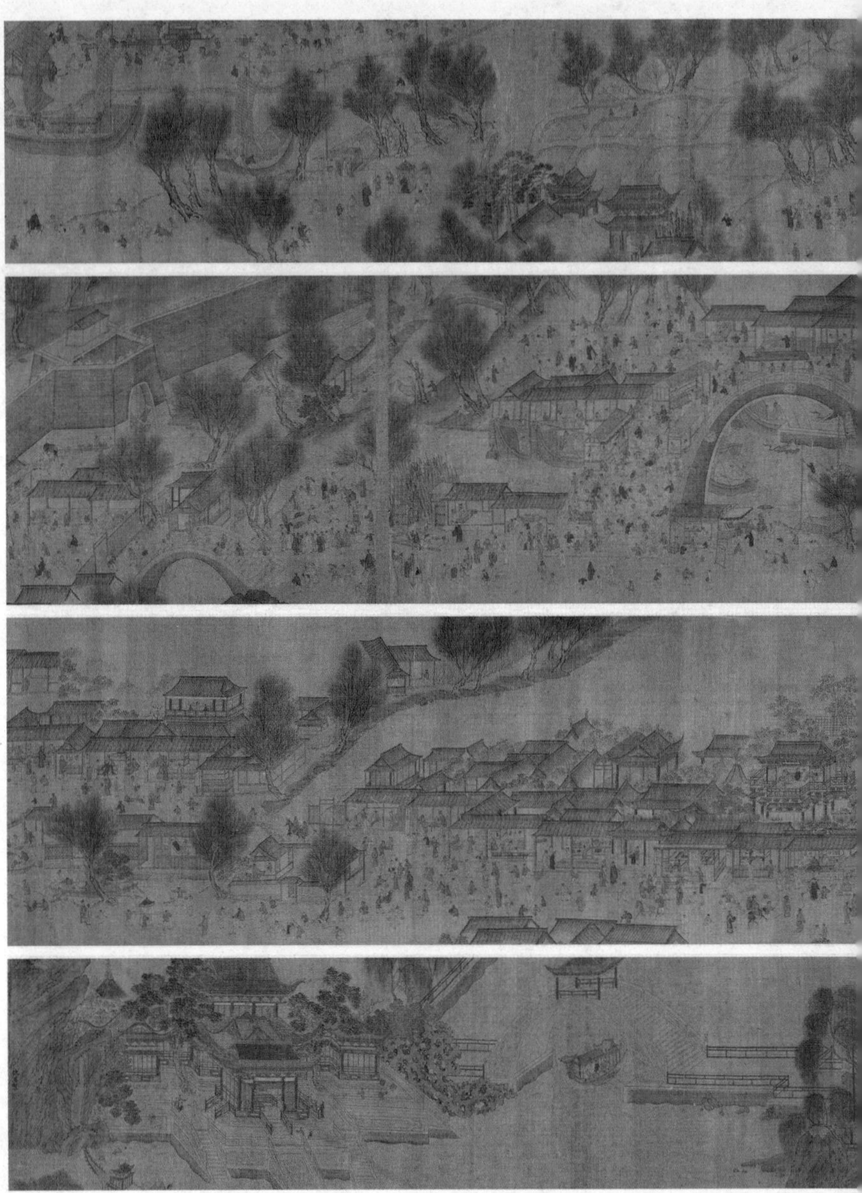

清明上河图

仇英

生命是一顷刻接着一顷刻

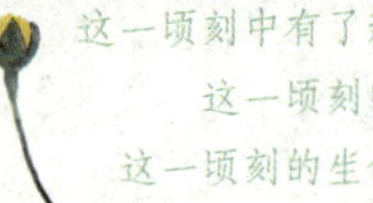

这一顷刻中有了新鲜有意义的故事，
这一顷刻中我们心满意足了，
这一顷刻的生命便不能算是空虚。

人说起来已是二十年前事了。如今我还记得清楚，因为那是我生平中一个最深刻的印象。有一年夏天，我到苏格兰西北海滨一个叫做爱约夏的地方去游历，想趁便去拜访农民诗人彭斯的草庐。那一带地方风景仿佛像日本内海而更曲折多变化。海湾伸入群山间成为无数绿水映着青山的湖。湖和山都老是那样恬静幽闲而且带着荒凉景象，几里路中不容易碰见一个村落，处处都是山、谷、树林和草坪。走到一个湖滨，我突然看见人山人海，男的女的，老的少的，穿深蓝大红衣服的，褴褛蹒跚的，蠕蠕蠢动，闹得喧天震地：原来那是一个有名的浴场。那是星期天，人们在城市里做了六天的牛马，来此过一天快活日子。他们在炫耀他们的服装，他们的嗜好，他们的皮肉，他们的欢爱，他们的文雅与村俗。像湖水的波涛汹涌一样，他们都投在生命的狂澜里，尽情享一日的欢乐。就在这么一个场合中，一位看来像是皮鞋匠的牧师在附近草坪中竖起一个讲台向寻乐的人们布道。他也吸引了一大群人。他喧嚷，群众喧嚷，湖水也喧嚷，他的话无从听清楚，只有“天国”“上帝”“忏悔”“罪孽”几个较熟的字眼偶尔可以分辨出来。那群众常是流动的，时而由湖水里爬上来看牧师，时而由牧师那里走下湖水。游泳的游泳，听道的听道，总之，都在凑热闹。

对着这场热闹，我伫立凝神一反省，心里突然起了一阵空虚寂寞的感觉，我思量到生命的问题。摆在我们面前的显然就是生命。我首先感到的是这生命太不调和。那么幽静的湖山当中有那么一大群嘈杂的人在嬉笑取乐，有如佛堂中的蚂蚁抢搬虫尸，已嫌不称；又加上两位牧师对着那些喝酒、抽烟、穿着游泳衣裸着胳膊大腿卖眼色的男男女女讲“天国”和“忏悔”，这岂不是对于生命的一个强烈的讽刺？约翰授洗者在沙漠中高呼救世主来临的消息，他的声音算是投在虚空中了。那位苏格兰牧师有什么可比的约翰？他以布道为职业，于道未必有所知见，不过剽窃一些空洞的教门中语扔到头脑空洞的人们的耳里，岂不是空虚而又空虚？推而广之，这世间一切，何尝不都是如此？比如那些游泳的人们在尽情欢乐，虽是热烈，却也很盲目，大家不过是机械地受生命的动物的要求在鼓动驱遣，太阳下去了，各自回家，沙滩又恢复它的本来的清寂，有如歌残筵散。当时我感觉空虚寂寞者在此。

但是像那一大群人一样，我也欣喜赶了一场热闹，那一天算是没有虚度，于今回想，仍觉那回事很有趣。生命像在那沙滩所表现的，有图画家所谓阴阳向背，你跳进去扮演一个角色也好，站在旁边闲望也好，应该都可以叫你兴高采烈。在那一顷刻，生命在那些人们中动荡，他们领受了生命而心满意足了，谁有权去鄙视他们，甚至于怜悯他们？厌世疾俗者一半都是妄自尊大，我惭愧我有时未能免俗。

孔子看流水，发过一个最深永的感叹，他说：“逝者如斯夫，不舍昼夜！”

卡拉卡拉大浴场

劳伦斯·阿尔玛·塔德玛爵士

1899

生命本来就是流动，单就“逝”的一方面来看，不免令人想到毁灭与空虚;但是这并不是有去无来，而是去的若不去，来的就不能来;生生不息，才能念念常新。莎士比亚说生命“像一个白痴说的故事,满是声响和愤激，毫无意义”，虽是慨乎言之，却不是一句见道之语。生命是一个说故事的人,虽老是抱着那么陈腐的“母题”转,而每一顷刻中的故事却是新鲜的，自有意义的。这一顷刻中有了新鲜有意义的故事，这一顷刻中我们心满意足了，这一顷刻的生命便不能算是空虚。生命原是一顷刻接着一顷刻地实现,好在它“不舍昼夜”。算起总账来,层层实数相加,决不会等于零。人们不抓住每一顷刻在实现中的人生，而去追究过去的原因与未来的究竟，那就犹如在相加各项数目的总和之外求这笔加法的得数。追究最初因与最后果，都要走到“无穷追溯 " (reductio ad infintum)。这道理哲学家们本应知道，而爱追究最初因与最后果的偏偏是些哲学家们。这不只是不谦虚，而且是不通达。一件事物实现了，它的形相在那里，它的原因和目的也就在那里。种中有果，果中也有种，离开一棵植物无所谓种与果，离开种与果也无所谓一棵植物(像我的朋友废名先生在他的《阿赖耶识论》里所说明的)。比如说一幅画，有什么原因和目的！它现出一个新鲜完美的形相，这岂不就是它的生命，它的原因，它的目的?

且再拿这幅画来比譬生命。我们过去生活正如画一幅画，当前我们所要经心的不是这幅画画成之后会有怎样一个命运，归于永恒或是归于毁灭，而是如何把它画成一幅画，有画所应有的形相与生命。不求诸抓得住的现在而求诸渺茫不可知的未来，这正如佛经所说的身怀珠玉而向他人行乞。但是事实上许多人都在未来的永恒或毁灭上打计算。波斯大帝带着百万大军西征希腊，过海勒斯朋海峡时，他站在将台看他的大军由船桥上源源不绝地渡过海峡，他忽然流涕向他的叔父说:“我想到人生的短促，看这样多的大军，百年之后，没有一个人还能活着，心里突然起了阵哀悯。”他的叔父回答说：“但是人生中还有更可哀的事咧，我们在世的时间虽短促，世间没有一个人，无论在这大军之内或在这大军之外，能够那样幸运，在一生中不有好几次不愿生而宁愿死。”这两人的话都各有至理，至少是能反映大多数人对于生命的观感。嫌人生短促，于是设种种方法求永恒。秦皇汉武信方士，求神仙，以及后世道家炼丹养气，都是妄想所谓“长生”。“服食求神仙，多为药所误，不如饮美酒，被服纨与素”，这本是诗人愤疾之言，但是反话大可作正话看；也许作正话看，还有更深的意蕴。

第二章

最美的形体是曲线

真正的美感经验都是如此，都要达到物我同一的境界，在物我同一的境界中，移情作用最容易发生，因为我们根本就不分辨所生的情感到底是属于我还是属于物的。

美育必须从年轻时就下手

爱美是人类天性，
凡是天性中所固有的必须
趁适当时机去培养，
否则像花草不及时下种及
时培植一样，
就会凋残萎谢。

西方人有一句恒言说："艺术是解放的，给人自由的。"（Art is liberative.）这句话最能见出艺术的功用，也最能见出美育的功用。现在我们就在这句话的意义上发挥。从哪几方面看，艺术和美育是"解放的，给人自由的"呢？

第一是本能冲动和情感的解放。人类生来有许多本能冲动和附带的情感，如性欲、生存欲、占有欲、爱、恶、怜、惧之类。本着自然倾向，它们都需要活动，需要发泄。但是在实际生活中，它们不但常彼此互相冲突，而且与文明社会的种种约束如道德、宗教、法律、习俗之类不相容。我们每个人都知道，本能冲动和欲望是无穷的，而实际上有机会实现的却寥寥有数。我们有时察觉到本能冲动和欲望不大体面，不免起羞恶之心，硬把它们压抑下去；有时自己对它们虽不羞恶，而社会的压力过大，不容它们赤裸裸地暴露，也还是被压抑下去。性欲是一个最显著的例。从前哲学家、宗教家大半以为这些本能冲动和情感都是卑劣的、不道德的、危险的，承认压抑是最好的处置。他们的整部道德信条有时只在理智镇压情欲。我们在上文指出这种看法的不合理，说它违背平均发展的原则，容易造成畸形发展。其实它的祸害还不仅此。弗洛伊德(Freud)派心理学告诉我们，本能冲动和附带的情感仅可暂时压抑而不可永远消灭，它们理应有自由活动的机会。如果勉强被压抑下去，表面上像是消灭了，实际上在隐意识里凝聚成精神上的疮疖，为种种变态心理和精神病的根源。依弗洛伊德看，我们现代文明社会中人因受道德、宗教、法律、习俗的裁制，本能冲动和情感常难得正常的发泄，大半都有些“被压抑的欲望”所凝成的“情意综”(complexes)。这些“情意综”潜蓄着极强烈的捣乱力，一旦爆发，就成精神上种种病态。但是这种潜力可以借文艺而发泄，因为文艺所给的是想象世界，不受现实世界的束缚和冲突，在这想象世界中，欲望可以用“望梅止渴”的办法得到满足。文艺还把带有野蛮性的本能冲动和情感提到一个较高尚、较纯洁的境界去活动，所以有升华作用(sublimation)。有了文艺,本能冲动和情感才得自由发泄，不致凝成疮疖,酿成精神病,它的功用有如机器方面的“安全瓣”(safety valve)。弗洛伊德的心理学有时近于怪诞，但实含有一部分真理。文艺和其他美感活动给本能冲动和情感以自由发泄的机会，在日常经验中也可以得到证明。我们每当愁苦无聊时，费一点工夫来欣赏艺术作品或自然风景，满腹的牢骚就马上烟消云散了。读古人痛快淋漓的文章，我们常有“先得我心”的感觉。看过一部戏或是读过一部小说之后，我们觉得曾经紧张了一阵是一件痛快事。这些快感都起于本能冲动和情感在想象世界中得解放。最好的例子是歌德著《少年维特之烦恼》的经过。他少时爱过一个已经许人的女子，心里痛苦已极，想自杀以了一切。有一天他听到一位朋友失恋自杀的消息，想到这事和他自己的境遇相似，可以写成一部小说。他埋头两礼拜，写成《少年维特之烦恼》，把自己心中怨慕愁苦的情绪一齐倾泻到书里。书成了，他的烦恼便去了，自杀的念头也消了。从这实例看，文艺确有解放情感的功用，而解放情感对于心理健康也确有极大的裨益，我们通常说一个人情感要有所寄托，才不致苦恼烦闷，文艺是大家公认为寄托情感的最好的处所。所谓“情感有所寄托”，还是说它要有地方可以活动，可得解放。

其次是眼界的解放。宇宙生命时时刻刻在变动进展中，希腊哲人有“濯足急流，抽足再入，已非前水”的譬喻。所以在这种变动进展的过程中，每一时每一境都是个别的、新鲜的、有趣的。美感经验并无深文奥义，它只是在人生世相中见出某一时某一境特别新鲜有趣而加以流连玩味，或者把它描写出来。这句话中“见”字最紧要。我们一般人对于本来在那里的新鲜有趣的东西不容易“见”着。这是什么缘故呢？不能“见”，必有所蔽。我们通常把自己囿在习惯所画成的狭小圈套里，让它把眼界“蔽”着，使我们对它以外的世界都视而不见，听而不闻。比如我们如果囿于饮食男女，饮食男女以外的事物就见不着；囿于奔走钻营，奔走钻营以外的事就见不着。有人向海边农夫称赞他的门前海景美，他很羞涩地指着屋后花园说：“海没有什么，屋后的一园菜倒还不差。”一园菜囿住了他，使他不能见到海景美。我们每个人都有所囿，有所蔽，许多东西都不能见，所见到的天地是非常狭小的、沉腐的、枯燥的。诗人和艺术家所以超过我们一般人者就在情感比较真挚，感觉比较锐敏，观察比较深刻，想象比较丰富。我们“见”不着的，他们“见”得着，并且他们“见”得到就说得出；我们本来“见”不着的，他们“见”着说出来了，就使我们也可以“见”着。像一位英国诗人所说的，他们“借他们的眼睛给我们看”（They lend their eyes for us to see）。中国人爱好自然风景的趣味是陶、谢、王、韦诸诗人所传染的。在特纳（Turner）和惠斯勒（Whistler）以前，英国人就没有注意到泰晤士河上有雾。拜伦以前，

威尼斯运河上
皮诺和圣·乔治·马焦雷约瑟夫·马洛德·威廉·透纳
1834
英国油画

欧洲人很少赞美威尼斯。前一世纪的人崇拜自然，常咒骂城市生活和工商业文化，但是现代美国、俄国的文学家，有时把城市生活和工商业文化写得也很有趣。人生的罪孽灾害通常只引起愤恨，悲剧却教我们于罪孽灾祸中见出伟大庄严；丑陋乖讹通常只引起嫌恶，喜剧却教我们在丑陋乖讹中见出新鲜的趣味。伦勃朗（Rembrandt）画过一些疲癃残疾的老人以后，我们见出丑中也还有美。象征诗人出来以后，许多一纵即逝的情调使我们觉得精细微妙，特别值得留恋。文艺逐渐向前伸展，我们的眼界也逐渐放大，人生世相越显得丰富华严。这种眼界的解放给我们不少的生命力量，我们觉得人生有意义，有价值，值得活下去。许多人嫌生活干燥，烦闷无聊，原因就在缺乏美感修养，见不着人生世相的新鲜有趣。这种人最容易堕落颓废，因为生命对于他们失去意义与价值。“哀莫大于心死”，所谓“心死”就是对于人生世相是去解悟与留恋，就是不能以美感态度去观照事物。美感教育不是替有闲阶级增加一件奢侈，而是使人在丰富华严的世界中随处吸收支持生命和推展生命的活力。朱子有一首诗说：“半亩方塘一鉴开，天光云影共徘徊。问渠那得清如许？为有源头活水来。”这诗所写的是一种修养的胜境。美感教育给我们的就是“源头活水”。

第三是自然限制的解放。这是德国唯心派哲学家康德、席勒、叔本华、尼采诸人所最着重的一点，现在我们用浅近语来说明它。自然世界是有限的，受因果律支配的，其中毫末细故都有它的必然性，因果线索命定它如此，它就丝毫移动不得。社会由历史铸就，人由遗传和环境造成。人的活动寸步离不开物质生存条件的支配，没有翅膀就不能飞，绝饮食就会饿死。由此类推，人在自然中是极不自由的。动植物和非生物一味顺从自然，接受它的限制，没有过分希冀，也就没有失望和痛苦。人却不同，他有心灵，有不可压的欲望，对于无翅不飞、绝食饿死之类事实总觉得有些歉然。人可以说是两重奴隶，第一服从自然的限制，其次要受自己的欲望驱使。以无穷欲望处有限自然，人便觉得处处不如意、不自由，烦闷苦恼都由此起。专就物质说，人在自然面前是很渺小的，他的力量抵不住自然的力量，无论你有如何大的成就，到头终不免一死，而且科学告诉我们，人类一切成就到最后都要和诸星球同归于毁灭，在自然圈套中求征服自然是不可能的，好比孙悟空跳来跳去，终跳不出如来佛的掌心。但是在精神方面，人可以跳开自然的圈套而征服自然，他可以在自然世界之外，另在想象中造出较能合理慰情的世界。这就是艺术的创造。在艺术创造中可以把自然拿在手里来玩弄，剪裁它、锤炼它，从新给以生命与形式。每一部文艺杰作以至于每人在人生自然中所欣赏

小考珀麦当娜
拉斐尔
1505
意大利文艺复兴时期的绘画

到的美妙世界都是这样创造出来的。美感活动是人在有限中所挣扎得来的无限，在奴属中所挣扎得来的自由。在服从自然限制而汲汲于饮食男女的寻求时，人是自然的奴隶；在超脱自然限制而创造欣赏艺术境界时，人是自然的主宰，换句话说，就是上帝。多受些美感教育，就是多学会如何从自然限制中解放出来，由奴隶变成上帝，充分地感觉人的尊严。

爱美是人类天性，凡是天性中所固有的必须趁适当时机去培养，否则像花草不及时下种及时培植一样，就会凋残萎谢。达尔文在自传里懊悔他一生专在科学上做功夫，没有把他年轻时对于诗和音乐的兴趣保持住，到老来他想用诗和音乐来调剂生活的枯燥，就抓不回年轻时那种兴趣，觉得从前所爱好的诗和音乐都索然无味。他自己说这是一部分天性的麻木。这是一个很好的前车之鉴。美育必须从年轻时就下手，年纪愈大，外务愈纷繁，习惯的牢笼愈坚固，感觉愈迟钝，心里愈复杂，欣赏艺术力也就愈薄弱。我时常想，无论学哪一科专门学问，干哪一行职业，每个人都应该会听音乐，不断地读文学作品，偶尔有欣赏图画雕刻的机会。在西方社会中，这些美感活动是每个受教育者的日常生活中的重要节目。我们中国人除专习文学艺术者以外，一般人对于艺术都漠不关心。这是最可惋惜的事。它多少表示民族生命力的低降与精神的颓靡。从历史看，一个民族在最兴旺的时候，艺术成就必伟大，美育必发达。史诗悲剧时代的希腊、文艺复兴时代的意大利、莎士比亚时代的英国、歌德和贝多芬时代的德国都可以为证。我们中国人古代对于诗乐舞的嗜好也极普遍。《诗经》《礼记》《左传》诸书所记载的歌乐舞的盛况常使人觉得仿佛是置身近代欧洲社会。孔子处周衰之际，特置慨于诗亡乐坏，也是见到美育与民族兴衰的关系密切。现在我们要想复兴民族，必须恢复周以前歌乐舞的盛况，这就是说，必须提倡普及的美感教育。这是负教育责任的人们所应该特别注意的。

我们对于一颗古松的态度

实用的态度以善为最高目的，
科学的态度以真为最高目的，
美感的态度以美为最高目的。

我刚才说，一切事物都有几种看法。你说一件事物是美的或是丑的，这也只是一种看法。换一个看法，你说它是真的或是假的；再换一种看法，你说它是善的或是恶的。同是一件事物，看法有多种，所看出来的现象也就有多种。

比如园里那一棵古松，无论是你是我或是任何人一看到它，都说它是古松。但是你从正面看，我从侧面看，你以幼年人的心境去看，我以中年人的心境去看，这些情境和性格的差异都能影响到所看到的古松的面目。古松虽只是一件事物，你所看到的和我所看到的古松却是两件事。假如你和我各把所得的古松的印象画成一幅画或是写成一首诗，我们俩艺术手腕尽管不分上下，你的诗和画与我的诗和画相比较，却有许多重要的异点。这是什么缘故呢？这就由于知觉不完全是客观的，各人所见到的物的形象都带有几分主观的色彩。

假如你是一位木商，我是一位植物学家，另外一位朋友是画家，三人同时来看这棵古松。我们三人可以说同时都“知觉”到这一棵树，可是三人所“知觉”到的却是三种不同的东西。你脱离不了你的木商的心习，你所知觉到的只是一棵做某事用值几多钱的木料。我也脱离不了我的植物学家的心习，我所知觉到的只是一棵叶为针状、果为球状、四季常青的显花植物。我们的朋友画家什么事都不管，只管审美，他所知觉到的只是一棵苍翠劲拔的古树。我们三人的反应态度也不一致。你心里盘算它是宜于架屋或是制器，思量怎样去买它，砍它，运它。我把它归到某类某科里去，注意它和其他松树的异点，思量它何以活得这样老。我们的朋友却不这样东想西想，他只在聚精会神地观赏它的苍翠的颜色，它的盘屈如龙蛇的线纹以及它的昂然高举、不受屈挠的气概。

从此可知这棵古松并不是一件固定的东西，它的形象随观者的性格和情趣而变化。各人所见到的古松的形象都是各人自己性格和情趣的返照。古松的形象一半是天生的，一半也是人为的。极平常的知觉都带有几分创造性；极客观的东西之中都有几分主观的成分。

美也是如此。有审美的眼睛才能见到美。这棵古松对于我们的画画的朋友是美的，因为他去看它时就抱了美感的态度。你和我如果也想见到它的美，你须得把你那种木商的实用的态度丢开，我须得把植物学家的科学的态度丢开，专持美感的态度去看它。

这三种态度有什么分别呢?

先说实用的态度。做人的第一件大事就是维持生活。既要生活，就要讲究如何利用环境。“环境”包含我自己以外的一切人和物在内，这些人和物有些对于我的生活有益，有些对于我的生活有害，有些对于我不关痛痒。我对于他们于是有爱恶的情感，有趋就或逃避的意志和活动。这就是实用的态度。实用的态度起于实用的知觉，实用的知觉起于经验。小孩子初出世，第一次遇见火就伸手去抓，被它烧痛了，以后他再遇见火，便认识它是什么东西，便明了它是烧痛手指的，火对于他于是有意义。事物本来都是很混乱的，人为便利实用起见，才像被火烧过的小孩子根据经验把四围事物分类立名，说天天吃的东西叫作“饭”，天天穿的东西叫作“衣”，某种人是朋友，某种人是仇敌，于是事物才有所谓“意义”。意义大半都起于实用。在许多人看，衣除了是穿的，饭除了是吃的，女人除了是生小孩的一类意义之外，便寻不出其他意义。所谓“知觉”，就是感官接触某种人或物时心里明了他的意义。明了他的意义起初都只是明了他的实用。明了实用之后，才可以对他起反应动作，或是爱他，或是恶他，或是求他，或是拒他。木商看古松的态度便是如此。

科学的态度则不然。它纯粹是客观的，理论的。所谓客观的态度就是把自己的成见和情感完全丢开，专以“无所为而为”的精神去探求真理。理论是和实用相对的。理论本来可以见诸实用，但是科学家的直接目的却不在于实用。科学家见到一个美人，不说，“我要去向她求婚，她可以替我生儿子”，他只说，“我看她这人很有趣味，我要来研究她的生理构造，分析她的心理组织”。科学家见到一堆粪，不说，“它的气味太坏，我要掩鼻走开”，只说，“这堆粪是一个病人排泄的，我要分析它的化学成分，看看有没有病菌在里面”。科学家自然也有见到美人就求婚、见到粪就掩鼻走开的时候，但是那时候他已经由科学家还到实际人的地位了。科学的态度之中很少有情感和意志，它的最重要的心理活动是抽象的思考。科学家要在这个混乱的世界中寻出事物的关系和条理，纳个物于概念，从原理演个例，分出某者为因，某者为果，某者为特征，某者为偶然性。植物学 家看古松的态度便是如此。

木商由古松而想到架屋、制器、赚钱等等，植物学家由古松而想到根茎花叶、日光水分等等，他们的意识都不能停止在古松本身上面。不过把古松当作一块踏脚石，由它跳到和它有关系的种种事物上面去。所以在实用的态度中和科学的态度中，所得到的事物的意象都不是独立的、绝缘的，观者的注意力都不是专注在所观事物本身上面的。注意力的集中，意象的孤立绝缘，便是美感的态度的最大特点。比如我们的画画的朋友看古松，他把全副精神都注在松的本身上面，古松对于他便成了一个独立自足的世界。他忘记他的妻子在家里等柴烧饭，他忘记松树在植物教科书里叫作显花植物，总而言之，古松完全占领住他的意识，古松以外的世界他都视而 不见、听而不闻了。他只把古松摆在心眼面前当作一幅画去玩味。他不计较实用，所以心中没有意志和欲念；他不推求关系、条理、因果等等，所以不用抽象的思考。这种脱净了意志和抽象思考的心理活动叫作“直觉”，直觉所见到的孤立绝缘的意象叫作“形象”。美感经验就是形象的直觉，美就是事物呈现形象于直觉时的特质。

实用的态度以善为最高目的，科学的态度以真为最高目的，美感的态度以美为最高目的。在实用态度中，我们的注意力偏在事物对于人的利害，心理活动偏重意志；在科学的态度中，我们的注意力偏在事物间的互相关系，心理活动偏重抽象的思考；在美感的态度中，我们的注意力专在事物本身的形象，心理活动偏重直觉。真善美都是人所定的价值，不是事物所本有的特质。离开人的观点而言，事物都浑然无别，善恶、真伪、美丑就漫无意义。真善美都含有若干主观的成分。

美和实际人生有一个距离

美和实际人生有一个距离，
要见出事物本身的美，
须把它摆在适当的距离之外去看。

有几件事实我觉得很有趣味，不知道你有同感没有？我的寓所后面有一条小河通莱茵河。我在晚间常到那里散步一次，走成了习惯，总是沿东岸去，过桥沿西岸回来。走东岸时我觉得西岸的景物比东岸的美；走西岸时适得其反，东岸的景物又比西岸的美。对岸的草木房屋固然比较这边的美，但是它们又不如河里的倒影。同是一棵树，看它的正身本极平凡，看它的倒影却带有几分另一世界的色彩。我平时又欢喜看烟雾朦胧的远树，大雪笼盖的世界和更深夜静的月景。本来是习见不以为奇的东西，让雾、雪、月盖上一层白纱，便见得很美丽。

北方人初看到西湖，平原人初看到峨嵋，虽然审美力薄弱的村夫，也惊讶它们的奇景；但在生长在西湖或峨嵋的人除了以居近名胜自豪以外，心里往往觉得西湖和峨嵋实在也不过如此。新奇的地方都比熟悉的地方美，东方人初到西方，或是西方人初到东方，都往往觉得面前景物件件值得玩味。本地人自以为不合时尚的服装和举动，在外方人看，却往往有一种美的意味。

古董癖也是很奇怪的。一个周朝的铜鼎或是一个汉朝的瓦瓶在当时也不过是盛酒盛肉的日常用具，在现在却变成很稀有的艺术品。固然有些好古董的人是贪它值钱，但是觉得古董实在可玩味的人却不少。我到外国人家去时，主人常欢喜拿一点中国东西给我看。这总不外瓷罗汉、蟒袍、渔樵耕读图之类的装饰品，我看到每每觉得羞涩，而主人却诚心诚意地夸奖 它们好看。

种田人常羡慕读书人，读书人也常羡慕种田人。竹篱瓜架旁的黄粱浊酒和朱门大厦中的山珍海鲜，在旁观者所看出来的滋味都比当局者亲口尝出来的好。读陶渊明的诗，我们常觉到农人的生活真是理想的生活，可是农人自己在烈日寒风之中耕作时所尝到的况味，绝不似陶渊明所描写的那样闲逸。

人常是不满意自己的境遇而羡慕他人的境遇，所以俗语说："家花不比野花香。"人对于现在和过去的态度也有同样的分别。本来是很酸辛的遭遇，到后来往往变成很甜美的回忆。我小时在乡下住，早晨看到的是那几座茅屋、几畦田、几排青山，晚上看到的也还是那几座茅屋、几畦田、几排青山，觉得它们真是单调无味，现在回忆起来，却不免有些留恋。

这些经验你一定也注意到的。它们是什么缘故呢?

这全是观点和态度的差别。看倒影，看过去，看旁人的境遇，看稀奇的景物，都好比站在陆地上远看海雾，不受实际的切身的利害牵绊，能安闲自在地玩味目前美妙的景致。看正身，看现在，看自己的境遇，看习见的景物，都好比乘海船遇着海雾，只知它妨碍呼吸，只嫌它耽误程期，预兆危险，没有心思去玩味它的美妙。持实用的态度看事物，它们都只是实际生活的工具或障碍物，都只能引起欲念或嫌恶。要见出事物本身的美，我们一定要从实用世界跳开，以"无所为而为"的精神欣赏它们本身的形象。总而言之，美和实际人生有一个距离，要见出事物本身的美，须把它摆在适当的距离之外去看。

再就上面的实例说，树的倒影何以比正身美呢？它的正身是实用世界中的一片段，它和人发生过许多实用的关系。人一看见它，不免想到它在实用上的意义，发生许多实际生活的联想。它是避风息凉的或是架屋烧火的东西。在散步时我们没有这些需要，所以就觉得它没有趣味。倒影是隔着一个世界的，是幻境的，是与实际人生无直接关联的。我们一看到它，就立刻注意到它的轮廓、线纹和颜色，好比看一幅图画一样。这是形象的直觉，所以是美感的经验。总而言之，正身和实际人生没有距离，倒影和实际人生有距离，美的差别即起于此。

同理，游历新境时最容易见出事物的美。习见的环境都已变成实用的工具。比如我久住在一个城市里面，出门看见一条街就想到朝某方向走是某家酒店，朝某方向走是某家银行；看见了一座房子就想到它是某个朋友的住宅，或是某个总长的衙门。这样的“由盘而之钟”，我的注意力就迁到旁的事物上去，不能专心致志地看这条街或是这座房子究竟像个什么样子。在崭新的环境中，我还没有认识事物的实用的意义，事物还没有变成实用的工具，一条街还只是一条街而不是到某银行或某酒店的指路标，一座房子还只是某颜色某线形的组合而不是私家住宅或是总长衙门，所以我能见出它们本身的美。

一件本来惹人嫌恶的事情，如果你把它推远一点看，往往可以成为很美的意象。卓文君不守寡，私奔司马相如，陪他当垆卖酒。我们现在把这段情史传为佳话。我们读李长吉的“长卿怀茂陵，绿草垂石井。弹琴看文君，春风吹鬓影”几句诗，觉得它是多么幽美的一幅画！但是在当时人看，卓文君失节却是一件秽行丑迹。袁子才尝刻一方“钱塘苏小是乡亲”的印，看他的口吻是多么自豪！但是钱塘苏小究竟是怎样的一个伟人？她原来不过是南朝的一个妓女。和这个妓女同时的人谁肯攀她做“乡亲”呢？当时的人受实际问题的牵绊，不能把这些人物的行为从极繁复的社会信仰和利害观念的圈套中划出来，当作美丽的意象来观赏。我们在时过境迁之后，不受当时的实际问题的牵绊，所以能把它们当作有趣的故事来谈。它们在当时和实际人生的距离太近，到现在则和实际人生距离较远了，好比经过一些年代的老酒，已失去它的原来的辣性，只留下纯淡的滋味。

一般人迫于实际生活的需要，都把利害认得太真，不能站在适当的距离之外去看人生世相，于是这丰富华严的世界，除了可效用于饮食男女的营求之外，便无其他意义。他们一看到瓜就想它是可以摘来吃的，一看到漂亮的女子就起性欲的冲动。他们完全是占有欲的奴隶。花长在园里何尝不可以供欣赏？他们却欢喜把它摘下来挂在自己的襟上或是插在自己的瓶里。一个海边的农夫逢人称赞他的门前海景时，便很羞涩地回过头来指着屋后一园菜说：“门前虽没有什么可看的，屋后这一园菜却还不差。”许多人如果不知道周鼎汉瓶是很值钱的古董，我相信他们宁愿要一个不易打烂的铁锅或瓷罐，不愿要那些不能煮饭藏菜的破铜破铁。这些人都是不能在艺术品或自然美和实际人生之中维持一种适当的距离。

艺术家和审美者的本领就在能不让屋后的一园菜压倒门前的海景，不拿盛酒盛菜的标准去估定周鼎汉瓶的价值，不把一条街当作到某酒店和某银行去的指路标。他们能跳开利害的圈套，只聚精会神地观赏事物本身的形象。他们知道在美的事物和实际人生之中维持一种适当的距离。

我说“距离”时总不忘冠上“适当的”三个字,这是要注意的。“距离”可以太过，可以不及。艺术一方面要能使人从实际生活牵绊中解放出来，一方面也要使人能了解、能欣赏，“距离”不及，容易使人回到实用世界，距离太远，又容易使人无法了解欣赏。这个道理可以拿一个浅例来说明。

王渔洋的《秋柳诗》中有两句说："相逢南雁皆愁侣，好语西乌莫夜飞。"在不知道这诗的历史的人看来，这两句诗是漫无意义的，这就是说，它的距离太远，读者不能了解它，所以无法欣赏它。《秋柳诗》原来是悼明亡的，"南雁"是指国亡无所依附的故旧大臣，"西乌"是指有意屈节降清的人物。假使读这两句诗的人自己也是一个"遗老"，他对于这两句诗的情感一定比旁人较能了解。但是他不一定能取欣赏的态度，因为他容易看这两句诗而自伤身世，想到种种实际人生问题上面去，不能把注意力专注在诗的意象上面，这就是说，《秋柳诗》对于他的实际生活距离太近了，容易把他由美感的世界引回到实用的世界。

美感经验有移情作用

自己在欢喜时，
大地山河都在扬眉带笑；
自己在悲伤时，
风云花鸟都在叹气凝愁。

云何尝能飞？泉何尝能跃？我们却常说云飞泉跃；山何尝能鸣？谷何尝能应？我们却常说山鸣谷应。在说云飞泉跃、山鸣谷应时，我们比说花红石头重，又更进一层了。原来我们只把在我的感觉误认为在物的属性，现在我们却把无生气的东西看成有生气的东西，把它们看作我们的侪辈，觉得它们也有性格，也有情感，也能活动。这两种说话的方法虽不同，道理却是一样，都是根据自己的经验来了解外物。这种心理活动通常叫作“移情作用”。

“移情作用”是把自己的情感移到外物身上去，仿佛觉得外物也有同样的情感。这是一个极普遍的经验。自己在欢喜时，大地山河都在扬眉带笑；自己在悲伤时，风云花鸟都在叹气凝愁。惜别时蜡烛可以垂泪，兴到时青山亦觉点头。柳絮有时“轻狂”，晚峰有时“清苦”。陶渊明何以爱菊呢？因为他在傲霜残枝中见出孤臣的劲节；林和靖何以爱梅呢？因为他在暗香疏影中见出隐者的高标。

从这几个实例看，我们可以看出移情作用是和美感经验有密切关系的。移情作用不一定就是美感经验，而美感经验却常含有移情作用。美感经验中的移情作用不单是由我及物的，同时也是由物及我的；它不仅把我的性格和情感移注于物，同时也把物的姿态吸收于我。所谓美感经验，其实不过是在聚精会神之中，我的情趣和物的情趣往复回流而已。

姑先说欣赏自然美。比如我在观赏一棵古松，我的心境是什么样状态呢？我的注意力完全集中在古松本身的形象上，我的意识之中除了古松的意象之外，一无所有。在这个时候，我的实用的意志和科学的思考都完全失其作用，我没有心思去分别我是我而古松是古松。古松的形象引起清风亮节的类似联想，我心中便隐约觉到清风亮节所常伴着的情感。因为我忘记古松和我是两件事，我就于无意之中把这种清风亮节的气概移置古松上面去，仿佛古松原来就有这种性格。同时我又不知不觉地受古松的这种性格影响，自己也振作起来，模仿它那一副苍老劲拔的姿态。所以古松俨然变成一个人,人也俨然变成一棵古松。真正的美感经验都是如此，都要达到物我同一的境界，在物我同一的境界中，移情作用最容易发生，因为我们根本就不分辨所生的情感到底是属于我还是属于物的。

再说欣赏艺术美，比如说听音乐。我们常觉得某种乐调快活，某种乐调悲伤。乐调自身本来只有高低、长短、急缓、宏纤的分别，而不能有快乐和悲伤的分别。换句话说，乐调只能有物理而不能有人情。我们何以觉得这本来只有物理的东西居然有人情呢？这也是由于移情作用。这里的移情作用是如何起来的呢？音乐的命脉在节奏。节奏就是长短、高低、急缓、宏纤相继承的关系。这些关系前后不同，听者所费的心力和所用的心的活动也不一致。因此听者心中自起一种节奏和音乐的节奏相平行。听一曲高而缓的调子，心力也随之做一种高而缓的活动；听一曲低而急的调子，心力也随之做一种低而急的活动。这种高而缓或是低而急的心力活动，常蔓延浸润到全部心境，使它变成和高而缓的活动或是低而急的活动相同调，于是听者心中遂感觉一种欢欣鼓舞或是抑郁凄恻的情调。这种情调本来属于听者，在聚精会神之中，他把这种情调外射出去，于是音乐也就有快乐和悲伤的分别了。

再比如说书法。书法在中国向来自成艺术，和图画有同等的身份，近来才有人怀疑它是否可以列于艺术，这般人大概是看到西方艺术史中向来不留位置给书法，所以觉得中国人看重书法有些离奇。其实书法可列于艺术，是无可置疑的。它可以表现性格和情趣。颜鲁公的字就像颜鲁公,赵孟頫的字就像赵孟頫。所以字也可以说是抒情的,不但是抒情的,而且是可以引起移情作用的。横直钩点等等笔画原来是墨涂的痕迹，它们不是高人雅士，原来没有什么“骨力”“姿态”“神韵”和“气魄”。但是在名家书法中我们常觉到“骨力”“姿态”“神韵”和“气魄”。我们说柳公权的字“劲拔”，赵孟頫的字“秀媚”，这都是把墨涂的痕迹看作有生气有性格的东西，都是把字在心中所引起的意象移到字的本身上面去。

美感即快感，美即愉快

我所谓美，
是指物体中能引起爱或类似爱
的情欲的某一性质。
我把这个定义只局限于事物的
纯然感性的性质。

英国经验主义无论在哲学方面还是在美学方面，在西方思想发展史中都是一个重要的转折点。它标志着近代自然科学的上升和经院派思辨哲学的下降。这种转变不但表现在批判理性派的先验的理性与理性观念，从而确定一切知识来自感官经验这个基本出发点上，而且也表现在把哲学和美学的对象从客观世界的性质与形式的分析，转到认识主体的认识活动这个基本方向上。它一方面导致主观唯心主义（例如贝克莱和休谟），另一方面也导致机械唯物主义（例如伯克）。

英国经验派批判了美在比例平衡对称，美在完善和适宜那些根据目的论的形式主义的看法，因为这些看法都以先天理性为根据，而不是从感性经验出发。他们既然肯定感性经验是一切认识的最后根据，所以把美的研究重点从对象形式的分析转到对美感活动的生理学和心理学的分析。他们一方面建立了“观念联想”律作为创造想象的根据，另一方面又着重地研究人的各种情欲和本能以及快感和痛感，想从此找到美感的生理和心理的基础。这是经验派美学的总的方向。就美的本质这个专题来说，经验派美学家的意见也不完全一致，这里姑以休谟和伯克为代表。休谟首先驳斥了美是对象的一种属性的看法，指出几何学家欧几里得曾说明了圆的每一属性，始终没有提到圆的美，“美只是圆形在人心上所产生的效果。这人心的 特殊构造使它可以感受这种情感（美感——引者）。如果你要在这圆上去找美……你就是白费气力”。他明确地把美感和快感等同起来，把美和美感等同起来：

美是（对象）各部分之间的这样一种秩序和结构，由于人性的本来构造，由于习俗，或是由于偶然的心情。这种秩序和结构适宜于使心灵感到快乐和满足。这就是美的特征。美与丑（丑天然地产生不安的心情）的区别就在于此。所以快感与痛感不只是美与丑所必有的随从，而且也是美与丑的真正的本质。

美既然等于美感，而美感是一种主观方面的心理作用，美就当然只是主观的了。所以休谟说：“美不是事物本身的属性，它只存在于观赏者的心里。每一个人心里见出一种不同的美。”不过休谟并不否认美与“对象各部分之间的秩序和结构”有关，只是肯定对象的形式因素要适应人心的特殊构造，才能产生美感。这实际上还是“内外相应”说的一种变相，不过休谟反对理性派的有神论和目的论。

休谟进一步分析美感，认为美感基本上是一种同情感。例如人对物体平衡对称的喜爱就是同情感的表现。石柱要上细下粗，雕像要使人物保持平衡，才能引起美感，因为这样才能引起安全感。这里的美感只是对对象的安全表示同情。这就说明了过去人所常谈的形式美实际上毕竟有内容意义。休谟的同情说对近代美学思想发生过很大的影响（例如对立普斯的移情说），它有力地打击了形式主义。

伯克是从经验主义走到机械唯物主义的。他主要从生理学观点出发

仙女
尼古拉斯
1886
荷兰油画

来探讨美与崇高的根源。他认为人类有两种基本“情欲”或本能，一是自我保存的本能，一是种族保存的本能。自我保存受到威胁就引起恐惧，恐惧就是崇高感的主要内容。种族保存的本能表现于对异性的爱，爱就是美感的主要内容。现在只说美，伯克对美下了这样的定义：

我所谓美，是指物体中能引起爱或类似爱的情欲的某一性质。我把这个定义只局限于事物的纯然感性的性质。

不过他同时指出，对美的爱和对异性的爱毕竟有所不同，对异性的爱是一种欲念，是“迫使我们占有某些对象的那种心理力量”，对美的爱却不涉及欲念，只是“在观照任何一个事物时心里所感觉到的那种喜悦”。像休谟一样，伯克也把美感和快感等同起来，而且也强调同情在审美中所起的作用。同情是一种“社会生活的情欲”，其中包括爱。不过他只把“社会生活”理解为社交生活，这只是一种本能的群居要求。艺术的作用在摹仿，而摹仿也只是一种变相的同情。摹仿的结果总抵不上被摹仿的蓝本，例如悲剧不管对悲惨事件摹仿得多么好，它所引起的同情远不如杀人的场面。因此，伯克的结论很类似后来车尔尼雪夫斯基的：

悲剧愈接近真实，离虚构的观念愈远，它的力量也就愈大。但是不管它的力量如何大，它也决比不上它所表现的事物本身。

这个看法的优点在把美与真联系起来，缺点在于混淆艺术的真实与生活的真实。

伯克不同于休谟，他一方面肯定美就是爱，另一方面又认为美是客观事物的属性。他找到美的主要客观属性是“小”以及与小相关的一些性质，例如柔滑、娇弱之类。这些客观属性之所以美，因为它们最能引起同情或爱。这种纯粹生物学的观点忽视美与社会生活以及与历史发展的联系，显然仍是片面的、机械的、简单化的。

美感和快感是容易分别的

从我们的立脚点看，
美感和快感是很容易分别的。
美感与实用活动无关，
而快感则起于实际要求的满足

我在以上三章所说的话都是回答“美感是什么”这个问题。我们说过，美感起于形象的直觉。它有两个要素：

一、目前意象和实际人生之中有一种适当的距离。我们只观赏这种孤立绝缘的意象，一不问它和其他事物的关系如何，二不问它对于人的效用如何。思考和欲念都暂时失其作用。

二、在观赏这种意象时，我们处于聚精会神以至于物我两忘的境界，所以于无意之中以我的情趣移注于物，以物的姿态移注于我。这是一种极自由的（因为是不受实用目的牵绊的）活动，说它是欣赏也可，说它是创造也可，美就是这种活动的产品，不是天生现成的。

这是我们的立脚点。在这个立脚点上站稳，我们可以打倒许多关于美感的误解。在以下两三章里我要说明美感不是许多人所想象的那么一回事。

我们第一步先打倒享乐主义的美学。

“美”字是不要本钱的，喝一杯滋味好的酒，你称赞它“美”，看见一朵颜色很鲜明的花，你称赞它“美”，碰见一位年轻姑娘，你称赞她“美”，读一首诗或是看一座雕像，你也还是称赞它“美”。这些经验显然不尽是一致的。究竟怎样才算“美”呢？一般人虽然不知道什么叫作“美”，但是都知道什么样就是愉快。拿一幅画给一个小孩子或是未受艺术教育的人看，征求他的意见，他总是说“很好看”。如果追问他“它何以好看？”他不外是回答说：“我欢喜看它，看了它就觉得很愉快。”通常人所谓“美”大半就是指“好看”，指“愉快”。

不仅是普通人如此，许多声名煊赫的文艺批评家也把美感和快感混为一件事。英国十九世纪有一位学者叫作罗斯金，他著过几十册书谈建筑和图画，就曾经很坦白地告诉人说：“我从来没有看见过一座希腊女神雕像，有一位血色鲜丽的英国姑娘的一半美。”从愉快的标准看，血色鲜丽的姑娘引诱力自然是比女神雕像的大；但是你觉得一位姑娘“美”和你觉得一座女神雕像“美”时是否相同呢？《红楼梦》里的刘姥姥想来不一定有什么风韵，虽然不能邀罗斯金的青眼，在艺术上却仍不失其为美。一个很漂亮的姑娘同时做许多画家的“模特儿”，可是她的画像在一百张之中不一定有一张比得上伦勃朗（荷兰人物画家）的“老太婆”。英国姑娘的“美”和希腊女神雕像的“美”显然是两件事，一个是只能引起快感的，一个是只能引起美感的。罗斯金的错误在把英国姑娘的引诱性做“美”的标准，去测量艺术作品。艺术是另一世界里的东西，对于实际人生没有引诱性，所以他以为比不上血色鲜丽的英国姑娘。

美感和快感究竟有什么分别呢？有些人见到快感不尽是美感，替它们勉强定一个分别来，却又往往不符事实。英国有一派主张“享乐主义”的美学家就是如此。他们所见到的分别彼此又不一致。有人说耳、目是“高等感官”，其余鼻、舌、皮肤、筋肉等等都是“低等感官”，只有“高

照镜子的维纳斯

[意]提香·韦切利奥

1555

等感官”可以尝到美感而“低等感官”则只能尝到快感。有人说引起美感的东西可以同时引起许多人的美感，引起快感的东西则对于这个人引起快感，对于那个人或引起不快感。美感有普遍性，快感没有普遍性。这些学说在历史上都发生过影响，如果分析起来，都是一钱不值。拿什么标准说耳、目是“高等感官”？耳、目得来的有些是美感，有些也只是快感，我们如何去分别？“客去茶香余舌本”“冰肌玉骨，自清凉无汗”等名句是否与“低等感官”不能得美感之说相容？至于普遍不普遍的话更不足为凭。口腹有同嗜而艺术趣味却往往随人而异。陈年花雕是吃酒的人大半都称赞它美的，一般人却不能欣赏后期印象派的图画。我曾经听过一位很时髦的英国老太婆说道：“我从来没有见过比金字塔再拙劣的东西。”

从我们的立脚点看，美感和快感是很容易分别的。美感与实用活动无关，而快感则起于实际要求的满足。口渴时要喝水，喝了水就得到快感；腹饥时要吃饭，吃了饭也就得到快感。喝美酒所得的快感由于味感得到所需要的刺激，和饱食暖衣的快感同为实用的，并不是起于“无所为而为”的形象的观赏。至于看血色鲜丽的姑娘，可以生美感也可以不生美感。如果你觉得她是可爱的，给你做妻子你还不讨厌她，你所谓“美”就只是指合于满足性欲需要的条件，“美人”就只是指对于异性有引诱力的女子。如果你见了她不起性欲的冲动，只把她当作线纹匀称的形象看，那就和欣赏雕像或画像一样了。美感的态度不带意志，所以不带占有欲。在实际上性欲本能是一种最强烈的本能，看见血色鲜丽的姑娘而能“心如古井”地不动，只一味欣赏曲线美，是一般人所难能的。所以就美感说，罗斯金所称赞的血色鲜丽的英国姑娘对于实际人生距离太近，不一定比希腊女神雕像的价值高。

最美的形体是曲线

美不完全在外物，
也不完全在人心，
它是心物婚媾后所产生的婴儿。

什么叫作美呢？

在一般人看，美是物所固有的。有些人物生来就美，有些人物生来就丑。比如称赞一个美人，你说她像一朵鲜花，像一颗明星，像一只轻燕，你决不说她像一个布袋，像一条犀牛或是像一只癞蛤蟆。这就分明承认鲜花、明星和轻燕一类事物原来是美的，布袋、犀牛和癞蛤蟆一类事物原来是丑的。说美人是美的，也犹如说她是高是矮是肥是瘦一样，她的高矮肥瘦是她的星宿定的，是她从娘胎带来的，她的美也是如此，和你看者无关。 这种见解并不限于一般人，许多哲学家和科学家也是如此想。所以他们费许多心力去实验最美的颜色是红色还是蓝色，最美的形体是曲线还是直线，最美的音调是 G 调还是 F 调。

但是这种普遍的见解显然有很大的难点，如果美本来是物的属性，则凡是长眼睛的人们应该都可以看到，应该都承认它美，好比一个人的高矮，有尺可量，是高大家就要都说高，是矮大家就要都说矮。但是美

1843 年维多利亚女王

弗兰兹 · 艾克塞瓦 · 温特哈尔特

油画

的估定就没有一个公认的标准。假如你说一个人美，我说她不美，你用什么方法可以说服我呢？有些人欢喜辛稼轩而讨厌温飞卿，有些人欢喜温飞卿而讨厌 辛稼轩，这究竟谁是谁非呢？同是一个对象，有人说美，有人说丑，从此可知美本在物之说有些不妥了。

因此，有一派哲学家说美是心的产品。美如何是心的产品，他们的说法却不一致。康德以为美感判断是主观的而却有普遍性，因为人心的构造彼此相同。黑格尔以为美是在个别事物上见出"概念"或理想。比如你觉得峨嵋山美，由于它表现"庄严""厚重"的概念。你觉得《孔雀东南飞》美，由于它表现"爱"与"孝"两种理想的冲突。托尔斯泰以为美的事物都含有宗教和道德的教训。此外还有许多其他的说法。说法既不一致，就只有都是错误的可能而没有都是不错的可能，好比一个数学题生出许多不同的答数一样。大约哲学家们都犯过信理智的毛病，艺术的欣赏大半是情感的而不是理智的。在觉得一件事物美时，我们纯凭直觉，并不是在下判断，如康德所说的；也不是在从个别事物中见出普遍原理，如黑格尔、托尔斯泰一班人所说的；因为这些都是科学的或实用的活动，而美感并不是科学的或实用的活动。还不仅此，美虽不完全在物却亦非与物无关。你看到峨嵋山才觉得庄严、厚重，看到一个小土墩却不能觉得庄严、厚重。从此可知物须先有使人觉得美的可能性，人不能完全凭心灵创造出美来。

依我们看，美不完全在外物，也不完全在人心，它是心物婚媾后所产生的婴儿。美感起于形象的直觉。形象属物而却不完全属于物，因为无我即无由见出形象；直觉属我却又不完全属于我，因为无物则直觉无从活动。美之中要有人情也要有物理，二者缺一都不能见出美。再拿欣赏古松的例子来说，松的苍翠劲直是物理，松的清风亮节是人情。从"我"的方面说，古松的形象并非天生自在的，同是一棵古松，千万人所见到的形象就有千万不同，所以每个形象都是每个人凭着人情创造出来的，每个人所见到的古松的形象就是每个人所创造的艺术品，它有艺术品通常所具的个性，它能表现各个人的性分和情趣。从“物”的方面说，创造都要有创造者和所创造物，所创造物并非从无中生有，也要有若干材料，这材料也要有创造成美的可能性。松所生的意象和柳所生的意象不同，和癞蛤蟆所生的意象更不同。所以松的形象这一个艺术品的成功，一半是我的贡献，一半是松的贡献。

写实主义和理想主义的错误

严格地说，
理想主义只是一种精炼的写实主义，
以理想派攻击写实派，
不过是以五十步笑百步罢了。

一般人大半以为自然美和艺术美的对象和成因虽不同，而其为美则一。自然丑和艺术丑也是如此。这个普遍的误解酿成艺术史上两种表面相反而实在都是错误的主张，一是写实主义，一是理想主义。

写实主义是自然主义的后裔。自然主义起于法人卢梭。他以为上帝经手创造的东西，本来都是尽美尽善，人伸手进去搅扰，于是它们才被弄糟。人工造作，无论如何精巧，终比不上自然。自然既本来就美，艺术家最聪明的办法就是模仿它。在英人罗斯金看，艺术原来就是从模仿自然起来的。人类本来住在露天的树林中，后来他们建筑房屋，仍然是以树林和天空为模型。建筑如此，其他艺术亦然。人工不敌自然，所以用人工去模仿自然时，最忌讳凭己意选择去取。罗斯金说：

纯粹主义者拣选精粉，感官主义者杂取秕糠，至于自然主义则兼容并包，是粉就拿来制饼，是草就取来塞床。

两匹马在草地上
保卢斯 · 波特
1649
荷兰油画

这段话后来变成写实派的信条。写实主义最盛于十九世纪后半叶的法国，尤其是在小说方面。左拉是大家公认的代表。所谓写实主义就是完全照实在描写，愈像愈妙。比如描写一个酒店就要活像一个酒店，描写一个妓女就要活像一个妓女。既然是要像，就不能不详尽精确，所以写实派作者欢喜到实地搜集“凭据”，把它们很仔细地写在笔记簿上，然后把它们整理一番，就成了作品。他们写一间房屋时至少也要用三五页的篇幅，才肯放松它。

这种艺术观的难点甚多，最显著的有两端。第一，艺术的最高目的既然只在模仿自然，自然本身既已美了，又何必有艺术呢？如果妙肖自然，是艺术家的唯一能事，则寻常照相家的本领都比吴道子、唐六如高明了。第二，美丑是相对的名词，有丑然后才显得出美。如果你以为自然全体都是美，你看自然时便没有美丑的标准，便否认有美丑的比较，连“自然美”这个名词也没有意义了。

理想主义有见于此。依它说，自然中有美有丑，艺术只模仿自然的美，丑的东西应丢开。美的东西之中又有些性质是重要的，有些性质是琐屑的，艺术家只选择重要的，琐屑的应丢开。这种理想主义和古典主义通常携手并行。古典主义最重“类型”，所谓“类型”就是全类事物的模子。一件事物可以代表一切其他同类事物时就可以说是类型。比如说画马，你不应该画得只像这匹马或是只像那匹马，你该画得像一切马，使每个人见到你的画都觉得他所知道的马恰是像那种模样。要画得像一切马，就须把马的特征，马的普遍性画出来，至于这匹马或那匹马所特有的个性则“琐屑”不足道。假如你选择某一匹马来做模型，它一定也要富于代表性。这就是古典派的类型主义。从此可知类型就是我们在上文所说的事物的常态，就是一般人的“自然美”。

这种理想主义似乎很能邀信任常识者的同情，但是它和近代艺术思潮颇多冲突。艺术不像哲学，它的生命全在具体的形象，最忌讳的是抽象化。凡是一个模样能套上一切人物时就不能适合于任何人，好比衣帽一样。古典派的类型有如几何学中的公理，虽然应用范围很广泛，却不能引起观者的切身的情趣。许多人所公有的性质，在古典派看，虽是精深，而在近代人看，却极平凡、粗浅。近代艺术所搜求的不是类型而是个性，不是彰明较著的色彩而是毫厘之差的阴影。直鼻子、横眼睛是古典派所谓类型。如果画家只能够把鼻子画直，眼睛画横，结果就难免千篇一律，毫无趣味。

他应该能够把这个直鼻子所以异于其他直鼻子的，这个横眼睛所以异于其他横眼睛的地方表现出来，才算是有独到的功夫。

在表面上看，理想主义和写实主义似乎相反，其实它们的基本主张是相同的，它们都承认自然中本来就有所谓美，它们都以为艺术的任务在模仿，艺术美就是从自然美模仿得来的。它们的艺术主张都可以称为“依样画葫芦”的主义。它们所不同者，写实派以为美在自然全体，只要是葫芦，都可以拿来作画的模型；理想派则以为美在类型，画家应该选择一个最富于代表性的葫芦。严格地说，理想主义只是一种精炼的写实主义，以理想派攻击写实派，不过是以五十步笑百步罢了。

丑是形成美的一种因素

和谐之所以美，
就因为它代表有限事物所能达
到的最近于上帝的那种整一。

圣·奥古斯丁（Augustine，354—430）在还未皈依基督教以前，对希腊罗马古典文学有相当深刻的研究，当过文学和修辞学教师，并且还写过一部美学专著，题为“论美与适合”，手稿在当时就已失传。皈依基督教后，他一方面钻研基督教经典，一方面仍继续研究他早年所爱好的柏拉图。他的美学言论大半见于他的神学著作和《忏悔录》。

圣·奥古斯丁给一般美所下的定义是“整一”或“和谐”，给物体美所下的定义是“各部分的适当比例，再加上一种悦目的颜色”。前一个定义来自亚里士多德，后一个定义来自西塞罗，在字面上都只涉及形式。但是这些侧重形式的老定义在圣·奥古斯丁的思想里是和中世纪神学结合在一起的。无论在自然中还是在艺术中，使人感到愉快的那种整一或和谐并非对象本身的一种属性，而是上帝在对象上面所打下的烙印。上帝本身就是整一，他把自己的性质印到他所创造的事物上去，使它尽量反映出他自己的整一。有限事物是可分裂的、杂多的，在努力反映上帝的整一时，就只能在杂多中见出整一，这就是和谐。和谐之所以美，就因为它代表有限事物所能达到的最近于上帝的那种整一。但是由于与杂多混合，比起上帝的整一，它究竟还是不纯粹不完善的。从此可见，圣·奥古斯丁关于无限美（最高美、绝对美）与有限美（感性事物的美、相对美）的分别的看法基本上还是柏拉图的看法（感性事物的美只是理式美的影子）。

通过柏拉图，圣·奥古斯丁还接受了毕达哥拉斯学派神秘主义的影响，把数加以绝对化和神秘化。现实世界仿佛是由上帝按照数学原则创造出来的，所以才显出整一、和谐与秩序。他说："数始于一，数以等同和类似而美，数与秩序不可分。"人体的匀称、动物四肢的平衡，乃至地水风火的体积和运动都由数在统辖着。美的基本要素也就是数，因为它就是整一。他又说，"理智转向眼所见境，转向天和地，见出这世界中悦目的是美，在美里见出图形，在图形里见出尺度，在尺度里见出数"。这种从数量关系上找美的想法，上承毕达哥拉斯学派的黄金分割说，下开达·芬奇、米开朗基罗以及霍嘉兹诸艺术大师对于美的线形所求出的数量公式，以及费希纳和实验美学派对于美的形象所进行的试验和测量，在美学发展中一直是很有影响的。它的基本出发点是形式主义。

圣·奥古斯丁还提出丑的问题。有限世界在本质上虽是杂多的，却具有上帝所赋予的整一或和谐。丑的事物（包括罪恶在内）在这和谐整体里占什么地位呢？圣·奥古斯丁认为美虽有绝对的而丑却没有绝对的。丑都是相对的，孤立地看是丑，但在整体中却由反衬而烘托出整体的美，有如造型艺术中阴阳向背所产生的反衬效果。这就是说，丑是形成美的一种因素。因此，丑在美学中不是一种消极的而是一种积极的范畴。圣·奥古斯丁还指出一个人能否从差异部分的统一中见出和谐，要看他的资禀和修养何如。要有合拍的心灵，才能认识到整体的和谐；否则只见到各

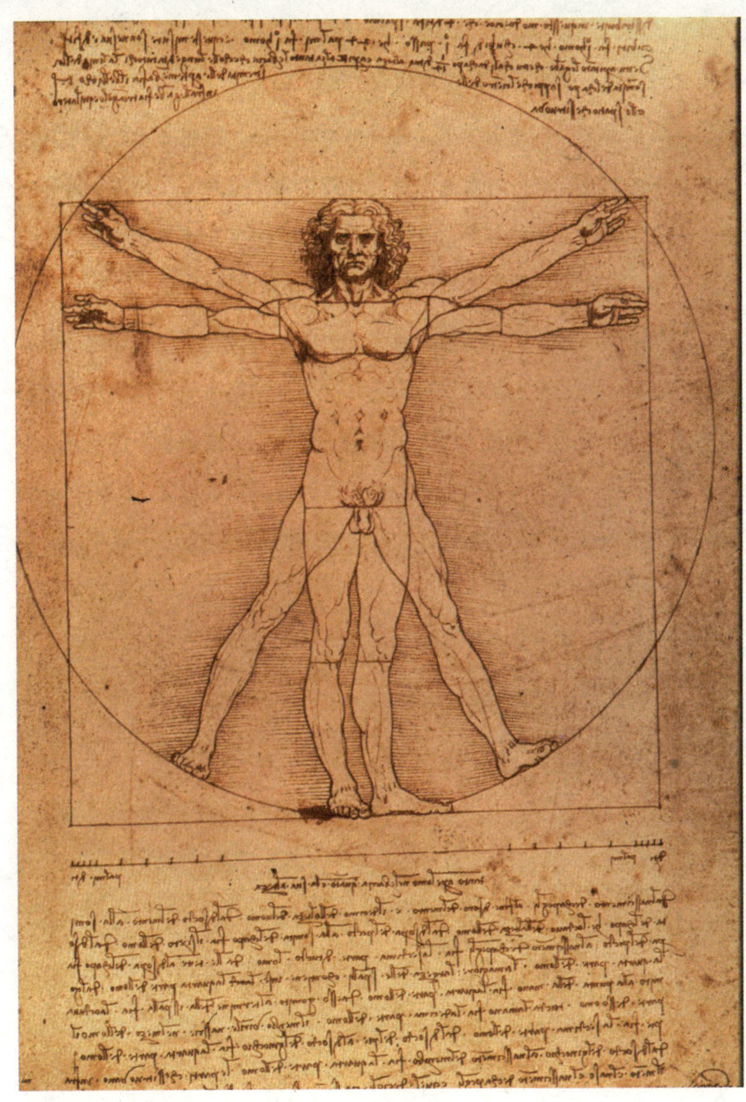

维特鲁威人比例研究

[意] 达芬奇

1492

个孤立的不同的部分，见不出整体及其和谐，就觉得某些部分丑，甚至全体都丑。圣·奥古斯丁打过这样的比喻：

在我们看来，宇宙中万事万物仿佛是混乱的。这正如我们如果站在一座房子的拐角，像一座雕像一样，就看不出这整座房子的美。再如一个士兵也不懂得全军的部署；在一首诗里，一个富于生命和情感的音节也见不出全诗的美，尽管这音节本身有助于造成全诗的美。

在和谐的整体中，丑的部分有助于造成和谐或美，也是如此；单从丑的局部看，就看不出美而只看出丑。这里丑在整体美里是作为被克服而纳到统一体里的一个对立面来了解的。在运用“寓杂多于整一”的原则来解释丑时，圣·奥古斯丁表现出一些朴素的辩证思想。同时，这里也可以见出他维护反动的封建统治的企图，把丑恶的东西说成美好的东西所赖以形成的条件，叫人接受它而不去消除它。后来理性派哲学家莱布尼茨和沃尔夫等也有类似的想法，并且认为丑恶烘托出美好，是上帝那位钟表匠的明智的安排。

美是理念的感性显现

人们常说，
艺术寓无限于有限。
这种说法其实就是黑格尔的美是理念的感性显现的说法。

黑格尔的全部美学思想都是从一个中心思想生发出来的，这就是他的美的定义：

真，就它是真来说，也存在着。当真在它的这种外在存在中是直接呈现于意识，而且它的概念是直接和它的外在现象处于统一体时，理念就不仅是真的，而且是美的了。美因此可以下这样 的定义："美就是理念的感性显现。"——第一三八页

（本章引文页码均据黑格尔《美学》，第一卷。）

理念就是绝对精神，也就是最高的真实，黑格尔又把它叫作"神""普遍的力量""意蕴"等等。这就是艺术的内容。就内容说，艺术、宗教和哲学都是表现绝对精神或"真实"的；三者的不同只在于表现的形式。艺术表现绝对精神的形式是直接的，它用的是感性事物的具体形象；哲学表现绝对精神的形式是间接的，即从感性事物上升到普遍概念，它用

的是抽象思维；至于宗教则介乎二者之间，它所借以表现绝对精神的是一种象征性的图象思维(Vorstellung)(一般译作“表象”或“观念”。),例如用父子的图象来表现神与基督一体，是用既含有个别形象又含有普遍概念的东西来表现普遍真理。美的定义中所说的“显现”(schein)有“现外形”和“放光辉”的意思，它与“存在”(sein)是对立的。比方说画马只取马的外在形象，不把马当作实际存在的可骑行的东西来看待。如果舍形象而穷究“存在”的实质，那就成为哲学的抽象思考，就失去艺术所必有的“直接性”了。这种“显现”就是一种自否定即自生发的辩证过程。“显现”的结果就是一件艺术作品。在艺术作品中，人从一种有限事物的感性形象直接认识到无限的普遍真理。人们常说，艺术寓无限于有限。这种说法其实就是黑格尔的美是理念的感性显现的说法。黑格尔的定义肯定了艺术要有感性因素，又肯定了艺术要有理性因素，最重要的是二者还必须结成契合无间的统一体。拿我们中国目前文艺为例来说，大多数文艺作品都体现社会主义建设总路线的精神，这种精神就是黑格尔所理解的“理念”或理性内容，这普遍的理性内容体现于不同作品的不同的感性形象。每一部成功的作品都是这个理念(总路线精神)的具体的感性显现，都是理性与感性的辩证的统一。

黑格尔的这种理性与感性统一说在美学史上是带有进步性的。西方美学自从一七五〇年鲍姆嘉通创立 Aesthetik(美学)这门科学的称号起，经过康德、施莱格尔、叔本华、尼采以至于柏格森和克罗齐，都由一个一线相承的中心思想统治着，这就是美只关感性的看法。美学的名称 Aesthetik 这一词的原义就是研究感觉的学问，是与逻辑对立的；这就是说，美只在感性形象上，美的享受只是感官的享受。这种思想发展到最后，就成为克罗齐的直觉说。在这个潮流之中，黑格尔可以说是一个中流砥柱，他把理性提到艺术中的首要地位。

艺术家有描写丑恶的权利

艺术必根据自然，
但艺术美并不等于自然美，
而自然丑也可以转化为艺术美，
这就说明了艺术家有描写丑恶的权利。

我有机会上过一堂生动的美学课，看到新上演的意大利和法国合摄的电影片《巴黎圣母院》。听到那位既聋哑而又奇丑的敲钟人在见到那位能歌善舞的吉卜赛女郎时，结结巴巴地使劲连声叫"美！美、美……"我不禁联想起"美的定义"。我想这位敲钟人一定没有研究过"美的定义"，但他的一生事迹，使我深信他是个真正懂得什么是美的人，他连声叫出的"美"确实是出自肺腑的。一听到就使我受到极大的震动，悲喜交集，也惊赞雨果毕竟是个名不虚传的伟大作家。这位敲钟人本是一个孤儿，受尽流离困苦才当上一个在圣母院里敲钟的奴隶。圣母院里的一个高级僧侣偷看到吉卜赛女郎歌舞，便动了淫念，迫使敲钟人去把她劫掠过来。在劫掠中敲钟人遭到了群众的毒打，渴得要命，奄奄一息之际，给他水喝因而救了他命的正是他被他恶棍主子差遣去劫夺的吉卜赛女郎。她不但不跟群众一起去打他，而且出于对同受压迫的穷苦人的同情，毅然站出来救了他的命。她不仅面貌美，灵貌也美。这一口水之恩使敲

吉普赛女郎
佛朗斯 · 哈尔斯
1628-1630

钟人认识到什么是善和恶，美和丑，什么是人类的爱和恨。以后到每个紧要关头，他都是吉卜赛女郎的救护人，甚至设法去成全她对卫队长的单相思。把她藏在钟楼里使她免于死的是他，识破那恶棍对她的阴谋的是他，最后把那个恶棍从高楼上扔下摔死，因而替女郎报了仇、雪了恨的也还是他。这个女郎以施行魔术的罪名被处死，尸首抛到地下墓道里，他在深夜里探索到尸首所在，便和她并头躺下，自己也就断了气。就是这样一个五官不全而又奇丑的处在社会最下层的小人物，却显出超人的大力、大智和大勇乃至大慈大悲。这是我在文艺作品中很少见到的小人物的高大形象。我不瞒你说，我受到了很大的感动。

我说这次我上了一堂生动的美学课。这不仅使我坚定了一个老信念：现实生活经验和文艺修养是研究美学所必备的基本条件，而且使我进一步想到美学中的一些关键问题。首先是自然美与艺术美的关系和区别问题。现实中有没有像敲钟人那样小人物的高大形象呢？我不敢作出肯定或否定的回答，我只能说，至少是我没有见过。我认为雨果所写的敲钟人是艺术创造出来的奇迹，是经过夸张虚构、集中化和典型化才创造出来的。敲钟人的身体丑烘托出而且提高了他的灵魂美。这样，自然丑本身作为这部艺术作品中的一个重要因素，也就转化为艺术美。艺术必根据自然，但艺术美并不等于自然美，而自然丑也可以转化为艺术美，这就说明了艺术家有描写丑恶的权利。

第三章

站在后台看人生

世间有两种人的生活最不艺术，一种是俗人，一种是伪君子。“俗人”根本就缺乏本色，“伪君子”则竭力遮盖本色。

每个人的生命就是他自己的作品

艺术的生活就是有“源头活水”的生活。
俗人迷于名利，
与世浮沉，
心里没有“天光云影”，
就因为没有源头活水。

人生本来就是一种较广义的艺术。每个人的生命史就是他自己的作品。这种作品可以是艺术的，也可以不是艺术的，正犹如同是一种顽石，这个人能把它雕成一座伟大的雕像，而另一个人却不能使它“成器”，分别全在性分与修养。知道生活的人就是艺术家，他的生活就是艺术作品。

过一世生活好比做一篇文章。完美的生活都有上品文章所应有的差点。

第一，一篇好文章一定是一个完整的有机体，其中全体与部分都息息相关，不能稍有移动或增减。一字一句之中都可以见出全篇精神的贯注。比如陶渊明的《饮酒》诗本来是“采菊东篱下，悠然见南山”，后人把“见”字误印为“望”字，原文的自然与物相遇相得的神情便完全丧失。这种艺术的完整性在生活中叫作“人格”。凡是完美的生活都是人格的表现。大而进退取与，小而声音笑貌，都没有一件和全人格相冲突。不肯为五斗米折腰向乡里小儿，是陶渊明的生命史中所应有的一段文章，如果他错过这一个小节，便失其为陶渊明。下狱不肯脱逃，临刑时还叮咛嘱咐还邻人一只鸡的债，是苏格拉底的生命史中所应有的一段文章，否则他便失其为苏格拉底。这种生命史才可以使人把它当作一幅图画去惊赞，它就是一种艺术的杰作。

其次，“修辞立其诚”是文章的要诀，一首诗或是一篇美文一定是至性深情的流露，存于中然后形于外，不容有丝毫假借。情趣本来是物我交感共鸣的结果。景物变动不居，情趣亦自生生不息。我有我的个性，物也有物的个性，这种个性又随时地变迁而生长发展。每人在某一时会所见到的景物，和每种景物在某一时会所引起的情趣，都有它的特殊性，断不容与另一人在另一时会所见到的景物，和另一景物在另一时会所引起的情趣完全相同。毫厘之差，微妙所在。在这种生生不息的情趣中，我们可以见出生命的造化。把这种生命流露于语言文字，就是好文章；把它流露于言行风采，就是美满的生命史。

文章忌俗滥，生活也忌俗滥。俗滥就是自己没有本色而蹈袭别人的成规旧矩。西施患心病，常捧心颦眉，这是自然的流露，所以愈增其美。东施没有心病，强学捧心颦眉的姿态，只能引人嫌恶。在西施是创作，在东施便是滥调。滥调起于生命的干枯，也就是虚伪的表现。“虚伪的表现”就是“丑”，克罗齐已经说过。“风行水上，自然成纹”，文章的妙处如此，生活的妙处也是如此。在什么地位，是怎样的人，感到怎样情趣，便现怎样言行风采，叫人一见就觉其谐和完整，这才是艺术的生活。

俗语说得好：“惟大英雄能本色”，所谓艺术的生活就是本色的生活。世间有两种人的生活最不艺术，一种是俗人，一种是伪君子。“俗人”根本就缺乏本色，“伪君子”则竭力遮盖本色。朱晦庵有一首诗说：“半亩方塘一鉴开，天光云影共徘徊。问渠那得清如许？为有源头活水来。”艺术的生活就是有“源头活水”的生活。俗人迷于名利，与世浮沉，心里没有“天光云影”,就因为没有源头活水。他们的大病是生命的干枯。“伪君子”则于这种“俗人”的资格之上，又加上“沐猴而冠”的伎俩。他们的特点不仅见于道德上的虚伪，一言一笑、一举一动，都叫人起不美之感。谁知道风流名士的架子之中掩藏了几多行尸走肉？无论是“俗人”或是“伪君子”，他们都是生活中的“苟且者”，都缺乏艺术家在创造时所应有的良心。像柏格森所说的，他们都是“生命的机械化”，只能做喜剧中的角色。生活落到喜剧里去的人大半都是不艺术的。

人道主义
尊重人的尊严

在整个感性世界里，
人是最高级的存在物；
所以人的性格是我们所能感觉
到的世界上最高的美。

人道主义是西方文艺复兴时代作为反封建、反教会而提出来的一个口号。尽管它有时还披着宗教的伪装，但是以人道代替神道的基本思想最后终于冲破了基督教会在西方长达一千余年的黑暗统治。在法国资产阶级革命中《人权宣言》所标榜的“自由”和“平等”以及后来添上的“博爱”，就是人道主义的具体政治内容。所以人道主义在近代西方起过推动历史前进的作用，尽管后来基督教会把“博爱”这个它早已用过的口号片面地加以夸大，遂使人道主义狭窄化为“慈善主义”或“慈悲主义”，成了帝国主义对内宣扬阶级妥协、对外宣扬殖民统治的武器。总之，人道主义在西方是历史的产物，在不同时代具有不同的具体内容，却有一个总的核心思想，就是尊重人的尊严，把人放在高于一切的地位，因为人虽是一种动物，却具有一般动物所没有的自觉心和精神生活。人道主义可以说是人的本位主义，这就是古希腊人所说的“人是衡量一切事物的标准”，我们中国人所常说的“人为万物之灵”。人的这种“本位主义”显然有它的积极的社会效用，人自觉到自己的尊严地位，就要在言行上争取配得上这种尊严地位。一切真正伟大的文艺作品没有不体现出人的伟大和尊严的，从古代的神话、雕刻、史诗和悲剧到近代的小说和电影，都是如此。马克思不但没有否定过人道主义，而且把人道主义与自然主义的统一看作真正共产主义的体现。在美学方面，且不说贯串康德和黑格尔美学著作的都是人道主义，就连激进派车尔尼雪夫斯基也说得很明确：

在整个感性世界里，人是最高级的存在物；所以人的性格是我们所能感觉到的世界上最高的美。至于世界上其他各级存在物，只有按照它们暗示到人或令人想到人的程度，才或多或少地获得美的价值。(《美学论文选》，第 41—42 页，人民文学出版社 1959 年版。译文有改动。)

为什么我们中间有些理论家特别是文学史课本的编写者，一遇到人道主义就嗤之以鼻呢？据说因为它是资产阶级货色，反资产阶级复辟，就必须反人道主义。这无异于要倒掉洗婴儿的脏水，就连婴儿也要一起倒掉。真正的马克思主义者既要看到人道主义的时代局限和阶级局限，又要看到它在历史上的进步作用，不能因为人道主义的发明权是资产阶级的，便连革命人道主义也不讲了。

悲喜毕竟有所不同

世界在不停地变化，
有生命的东西应经常保持紧张
而有弹性，
经常能随机应变。

无论是悲剧还是喜剧，作为戏剧，都可以产生这种内容最复杂也最丰富的美感。不过望文生义，悲喜毕竟有所不同，类于悲剧的喜感，西方历来都以亚里士多德在《诗学》里的悲剧净化论为根据来进行争辩或补充。

依亚里士多德的看法，悲剧应有由福转祸的结构，结局应该是悲惨的。理想的悲剧主角应该是“和我们自己类似的”好人，为着小过失而遭到大祸，不是罪有应得，也不是完全无过错，这样才既能引起恐惧和哀怜，又不致使我们的正义感受到很大的打击。恐惧和哀怜这两种悲剧情感本来都是不健康的，悲剧激起它们，就导致它们的“净化”或“发散”(katharsis)，因为像脓包一样，把它戳穿，让它发散掉，就减轻它的毒力，所以对人在心理上起健康作用。这一说就是近代心理分析派弗洛伊德(S. Freud)的“欲望升华”或“发散治疗”说的滥觞。依这位变态心理学家的看法，人心深处有些原始欲望，最突出的是子对母和女对

小丑画像
油画作品

父的性欲，和文明社会的道德法律不相容，被压抑到下意识里形成“情意综”，作为许多精神病例的病根。但是这种原始欲望也可采取化装的形式，例如神话、梦、幻想和文艺作品往往就是原始欲望的化装表现。弗洛伊德从这种观点出发，对西方神话、史诗、悲剧乃至近代一些伟大艺术家的作品进行心理分析来证明文艺是“原始欲望的升华”。这一说貌似离奇，但其中是否包含有合理因素，是个尚待研究的问题。他的观点在现代西方还有很大的影响。

此外，解释悲剧喜感的学说在西方还很多，例如柏拉图的幸灾乐祸说，黑格尔的悲剧冲突与永恒正义胜利说，叔本华的悲剧写人世空幻、教人退让说，尼采的悲剧为酒神精神和日神精神的结合说。这些诸位暂且不必管，留待将来参考。

关于喜剧，亚里士多德在《诗学》里只留下几句简短而颇深刻的话：

喜剧所模仿的是比一般人较差的人物。“较差”并不是通常所说的“坏”（或“恶”），而是丑的一种形式。可笑的对象对旁人无害，是一种不致引起痛感的丑陋或乖讹。例如喜剧的面具既怪且丑，但不致引起痛感。

这里把“丑”或“可笑性”作为一种审美范畴提出，其要义就是“谑而不虐”。不过这只是现象，没有说明“丑陋或乖讹”何以令人发笑，感到可喜。近代英国经验派哲学家霍布斯提出“突然荣耀感”说作为一种解释。霍布斯是主张性恶论的，他认为“笑的情感只是在见到穷人的弱点或自己过去的弱点时突然想起自己的优点所引起的‘突然荣耀感’”，觉得自己比别人强，现在比过去强。他强调“突然”，因为“可笑的东西必定是新奇的，不期然而然的”。

此外关于笑与喜剧的学说还很多，在现代较著名的有法国哲学家柏格森的《笑》(Le Rire)。他认为笑与喜剧都起于“生命的机械化”。世界在不停地变化，有生命的东西应经常保持紧张而有弹性，经常能随机应变。可笑的人物虽有生命而僵化和刻板公式化，“以不变应万变”，就难免要出洋相。柏格森举了很多例子。例如一个人走路倦了，坐在地上休息，没有什么可笑，但是闭着眼睛往前冲，遇到障碍物不知回避，一碰上就跌倒在地上，这就不免可笑。有一个退伍的老兵改充堂倌，旁人戏向他喊：“立正！”他就慌忙垂下两手，把捧的杯盘全都落地打碎，这就引起旁人大笑。依柏格森看，笑是一种惩罚，也是一种警告，使可笑的人觉到自己笨拙，加以改正。笑既有这样实用目的，所以它引起的美感不是纯粹的。“但笑也有几分美感，因为社会和个人在超脱生活急需时把自己当作艺术品看待，才有喜剧。”

现代值得注意的还有已提到的弗洛伊德的“巧智与隐意识”，不过不是三言两语可以介绍清楚的。他的英国门徒谷列格(Greig)在一九二三年编过一部笑与喜剧这个专题的书目就有三百几十种之多。诸位将来如果对这个专题想深入研究，可以参考。

一个能自制的人才能自强

一个能自制的人才能自强。
能自制便有极大的意志力，
有极大的意志力才能认定目标，
看清事物条理，
征服一切环境的困难，
百折不挠以抵于成功。

“知道你自己”，这句名言为一般哲学家公认为希腊人的最高智慧的结晶。世间事物最不容易知道的是你自己，因为要知道你自己，你必须能丢开“我”去看“我”，而事实上有了“我”就不易丢开“我”，许多人都时时为我见所蒙蔽而不自知，人不易自知，犹如有眼不能自见，有力不能自举。你本是一个凡人，你却容易把自己看成一个英雄；你的某一个念头，某一句话，某一种行为本是错误的，因为是你自己所想的、说的、做的，你的主观成见总使你自信它是对的。执迷不悟是人所常犯的过失。中国儒家要除去这个毛病，提倡“自省”的功夫。“自省”就是自己审问自己，丢开“我”去看“我”。一般人眼睛常是朝外看，自省就是把眼光转向里面看。一般能自省的人才能自知。自省所凭借的是理智，是冷静的客观的科学的头脑。能冷静自省，品格上许多亏缺都可以免除。比如你发愤时，经过一番冷静的自省，你的怒气自然消释；你起了一个不正当的欲念时，经过一番冷静的自省，那个欲念也就冷淡下去；你和人因持异见争执，盛气相凌，你如果能冷静地把所有的论证衡量一下，你自然会发现谁是谁非，如果你自己不对，你须自认错误，如果你自己对，你有理由可以说服人。

从这些例子看，“自省”含有“自制”的功夫在内。一个能自制的人才能自强。能自制便有极大的意志力，有极大的意志力才能认定目标，看清事物条理，征服一切环境的困难，百折不挠以抵于成功。古今英雄豪杰有大过人的地方都在有坚强的意志力，而他们的坚强的意志力的表现往往在自制方面。哲学家如苏格拉底，宗教家如耶稣、释迦牟尼，政治家如诸葛亮、谢安、李泌，都是显著的实例。许多人动辄发火生气，或放僻邪侈，横无忌惮，或暴戾刚愎，恣意孤行，这种人看来像是强悍勇猛，实在最软弱，他们做情感的奴隶，或是卑劣欲望的奴隶，自己尚且不能控制，怎能控制旁人或控制环境呢？这种人大半缺乏冷静，遇事鲁莽灭裂，终必至于偾事。如果军国大政落在这种人的手里，则国家民族变成野心或私欲的孤注，在一喜一怒之间轻轻被断送。今日的德意志和日本不惜涂炭千百万生灵，置全民族命脉于险境，实由于少数掌政权者缺乏冷静的头脑，聊图逞一时的意气与狂妄的野心，如悬崖纵马，一放而不可收拾。这是最好的殷鉴。人类许多不必要的灾祸罪孽都是这种人惹出来的。如果我们从这些事例上想一想，就可以见出一个人或一个民族在失去冷静的理智的态度时所冒的危险。

一个理想的人须有德有学有才。德与学需要冷静，如上所述，才也不是例外。才是处事的能力。一件事常有许多错综复杂的关系，头脑不冷静的人处之，便如置身五里雾中，觉得需要处理的是一团乱丝，处处是纠纷困难。他不是束手无策，就是考虑不周到，布置不缜密，一个困难未解决，又横生枝节，把事情弄得更糟。冷静的人便能运用科学的眼光，把目前复杂情形全盘一看，看出其中关系条理与轻重要害，在种种可能的办法之中选择一个最合理的，于是一切纠纷困难便如庖丁解牛，迎刃而解。治个人私事如此，治军国大事也是如此，能冷静的人必能谋定后动，动无不成。

你真心待人，人也真心待你

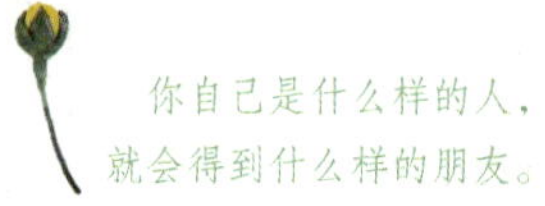

好朋友在我国语文里向来叫作“知心”或“知己 ”，“知交”也是一个习用的名词。这个语言的习惯颇含有深长的意味。从心理观点看，求见知于人是一种社会本能，有这本能，人与人才可免除隔阂，打成一片，社会才能成立。它是社会生命所借以维持的，犹如食色本能是个人与种族生命所借以维持的，所以它与食色本能同样强烈。古人尝以一死报知己，钟子期死后，伯牙不复鼓琴。这种行为在一般人看近似于过激，其实是由于极强烈的社会本能在驱遣。其次，从伦理哲学观点看，知人是处人的基础，而知人却极不易，因为深刻的了解必基于深刻的同情。深刻的同情只在真挚的朋友中才常发现，对于一个人有深交，你才能真正知道他。了解与同情是互为因果的，你对于一个人愈同情，就愈能了解他；你愈了解他，也就愈同情他。法国人有一句成语说：“了解一切，就是宽容一切。”(tout comprendre，cest tout pardonner)。这句话说来像很容易，却是人生的最高智慧，需要极伟大的胸襟才能做到。古今有这种胸襟的

友好的电话
威廉·梅里特
1895
美国印象派油画

只有几个大宗教家，像释迦牟尼和耶稣，有这种胸襟才能谈到大慈大悲；没有它，任何宗教都没有灵魂。修养这种胸襟的捷径是多与人做真正的好朋友，多与人推心置腹，从对于一部分人得到深刻的了解，做到对于一般人类起深厚的同情。从这方面看，交友的范围宜稍广泛，各种人都有最好，不必限于自己同行同趣味的。蒙田在他的论文里提出一个很奇怪的主张，以为一个人只能有一个真正的朋友，我对这主张很怀疑。

交友是一件寻常事，人人都有朋友，交友却也不是一件易事，很少人有真正的朋友。势利之交固容易破裂，就是道义之交也有时不免闹意气之争。王安石与司马光、苏轼、程颢诸人在政治和学术上的倾轧便是好例。他们个个都是好人，彼此互有相当的友谊，而结果闹成和世俗人一般的翻云覆雨。交道之难，从此可见。从前人谈交友的话说得很多。例如“朋友有信”“久而敬之”“君子之交淡如水”，视朋友须如自己，要急难相助，须知护友之短，像孔子不假盖于悭吝朋友；要劝善规过，但“不可则止，无自辱焉”。这些话都是说起来颇容易，做起来颇难。许多人都懂得这些道理，但是很少人真正会和人做朋友。

孔子尝劝人“无友不如己者”，这话使我很惶惶不安。你不如我，我不和你做朋友，要我和你做朋友，就要你胜似我，这样我才能得益。但是这算盘我会打你也就会打，如果你也这么说，你我之间不就没有做朋友的可能么？柏拉图写过一篇谈友谊的对话，另有一番奇妙议论。依他看，善人无须有朋友，恶人不能有朋友，善恶混杂的人才或许需要善人为友来消除他的恶，恶去了，友的需要也就随之消灭。这话显然与孔子的话有些抵牾。谁是谁非，我至今不能断定，但是我因此想到朋友之中，人我的比较是一个重要问题，而这问题又和善恶问题密切相关。我从前研究美学上的欣赏与创造问题，得到一个和常识不相通的结论，就是：欣赏与创造根本难分，每人所欣赏的世界就是每人所创造的世界，就是他自己的情趣和性格的返照；你在世界中能“取”多少，就看你在你的性灵中能提出多少“与”它，物与我之中有一种生命的交流，深人所见于物者深，浅人所见于物者浅。现在我思索这比较实际的交友问题，觉得它与欣赏艺术自然的道理颇可暗合默契。你自己是什么样的人，就会得到什么样的朋友。人类心灵常交感回流。你拿一分真心待人，人也就拿一分真心待你，你所“取”如何，就看你所“与”如何。“爱人者人恒爱之，敬人者人恒敬之。”人不爱你敬你，就显得你自己有损缺。你不必责人，先须返求诸己。不但在情感方面如此，在性格方面也都是如此。友必同心，所谓“同心”是指性灵同在一个水准上。如果你我在性灵上有高低，我高就须感化你，把你提高到同样水准；你高也是如此，否则友谊就难成立。朋友往往是测量自己的一种最精确的尺度。你自己如果不是一个好朋友，就决不能希望得到一个好朋友。要是好朋友，自己须先是一个好人。我很相信柏拉图的“恶人不能有朋友”的那一句话。恶人可以做好朋友时，他在他方面尽管是坏，在能为好朋友一点上就可证明他还有人性，还不是一个绝对的恶人。说来说去，“同声相应，同气相求”那句老话还是对的,何以交友的道理在此,如何交友的方法也在此。交友和一般行为一样，我们应该常牢记在心的是“责己宜严，责人宜宽”。

你们须比禽兽高明些

既然"遇"上了恋爱，
一个人最好认清
这是一件极自然极平凡
而亦极严重的事。

我自己也是过来人，略知此中甘苦，凭自己的经验和对旁人的观察，我可以大胆地说：在三十岁以前，一个人假如不受爱情的搅扰，对男女间事不发生很大的兴趣，专心致志地去做他的学问，那是再好没有的事，他可以多得些成就，少得些苦恼。我还可以说，像这样天真烂漫地过去青春的人，世间也并非绝对没有；而且如果我们认定三十岁左右为正当的结婚年龄，从生物学观点看，这种人也不能算是不自然或不近人情。不过我们也须得承认，在近代社会中，这种浑厚的青年人确实很少；少的原因是在近代生活对于性爱有许多不健康的暗示与刺激，以及教育方面的欠缺。家庭和学校对男女间事绝对不准谈，仿佛这中间事极神秘或是极不体面，有不可告人处。只这印象对儿童们影响就很坏。他们好奇心特别强，你愈想瞒，他们就愈想知道。他们或是从大人方面窥出一些偷偷摸摸的事，或是从一块儿游戏的顽童听到一些淫秽的话。不久他们的性的冲动逐渐发达了，这些不良的种子就在他们心中发芽生枝，好奇心以外又加上模仿本能的活动。他们开始看容易刺激性欲的小说或电影，注意窥探性生活的秘密，甚至想自己也跳到那热闹舞台上去表演。他们年纪轻，正当的对象自无法可得，于是演出种种“性的反常”现象，如同性爱、自性爱、手淫之类。如果他们生在都市里，年纪比较大一点，说不定还和不正当的女人来往。如果他们进了大学，读过一些讴歌恋爱的诗文，看过一些甜情蜜意的榜样，就会觉得恋爱是大学生活中应有的一幕，自己少不得也要凑趣应景，否则即是一个缺陷，一宗耻辱。我们可以说，现在一般青年从幼稚园到大学，沿途所受的性生活的影响都是不健康的，无怪他们向不健康的路径走。自命为“有心人”的看到这种景象，或是嗟叹世风不古，或是诅咒近代教育，想拿古老的教条来钳制近代青年的活动。世风不古是事实，无用嗟叹，在任何时代，世风都不会“古”的。世界既已演变到现在这个阶段，要想回到男女授受不亲那种状态，未免是痴人说梦。我个人的主张是要把科学知识尽量地应用到性爱问题上面来，使一般人一方面明白它在生物学、生理学和心理学上的意义，一方面也认清它所连带的社会、政治、经济各方面的责任。这问题，像一切其他人生问题一样，可以用冷静的头脑去思索，不必把它摆在一种带有宗教性的神秘氛围里。神秘本身就是一种诱惑，暗中摸索都难免跌跤。

就大体说，我赞成用很自然的方法引导青年撇开恋爱和结婚的路。所谓自然的方法有两种。第一是精力有所发挥，精神有所委托。一个人心无二用，却也不能没有所用。青年人精力最弥满，要他闲着无所用，就难免泛滥横流。假如他在工作里发生兴趣，在文艺里发生兴趣，甚至在游戏运动里发生兴趣，这就可以垄断他的心神，不叫它旁迁他涉。我知道很多青年因为心有所用，很自然地没有走上恋爱的路。第二是改善社交生活，使同情心得到滋养。青年人最需要的是同情，最怕的是寂寞，

葡萄园丰收
彼得·保罗·约瑟夫·诺埃尔
1817
荷兰油画

愈寂寞就愈感觉异性需要的迫切。一般青年追求异性，与其说是迫于性的冲动，毋宁说是迫于同情的需要。要满足这需要，社交生活如果丰富也就够了。一个青年如果有亲热的家庭生活，加上温暖的团体生活，不感觉到孤寂，他虽然 还有“遇”恋爱的可能，却无“谋”恋爱的必要。

这番话并非反对男女青年的正常交接，反之，我认为男女社交公开是改善社交生活的一端。愈隔绝，神秘观念愈深，把男女关系看成神秘，从任何观点看，都是要不得的。我虽然赞成叔本华的“男女的爱都是性爱”的看法，却不敢同意王尔德的“男女间只有爱情而无友谊”的看法。 因为友谊有深有浅，友谊没有深到变为爱情的程度是常见的。据我个人的观察，青年施受同情的需要虽很强烈，而把同情专注在某一个对象上并不是一个很自然的现象。无论在同性中或异性中，一个人很可能地同时有几个好友。交谊愈广泛，发生恋爱的可能性也就愈少。一个青年最危险的遭遇莫过于向来没有和一个女子有较深的接触，一碰见第一个女子就爱上了她。许多在男女社交方面没有经验的青年却往往是如此，而许多悲剧也就如此酿成。

在男女社交公开中，“遇”恋爱自然很可能，但是危险性比较小，双方对于异性都有较清楚的认识。既然“遇”上了恋爱，一个人最好认清这是一件极自然极平凡而亦极严重的事。他不应视为儿戏，却也不应沉醉在诗人的幻想里，他应该用最写实的态度去应付它。如果“恋爱至上”，他也要从生物学观点把它看成“至上”，与爱神无关，与超验哲学更无关。他就要准备做正常的归宿——结婚，生儿养女，和担负家庭的责任。

柏拉图到晚年计划第二“理想国”，写成一本书叫作“法律”，里面有 一段话颇有意思，现在译来做本文的结束：

我们的公民不应比鸟类和许多其他动物都不如，它们一生育就是一大群，不到生殖的年龄却不结婚，维持着贞洁。但是到了适当的时候，雌雄就配合起来，相欢相爱，终身过着圣洁和天真的生活，牢守着它们的原来的合同：——真的，我们应该向他们（公民们）说，你们须比禽兽高明些。

谈人生与我

把自己摆在前台，
和世界一切人和物在一块玩把戏；
或者把自己摆在后台，
袖手看旁人在那儿装腔作势。

朋友：

我写了许多信，还没有郑重其事地谈到人生问题，这是一则因为这个问题实在谈滥了，一则也因为我看这个问题并不如一般人看得那样重要。在这最后一封信里我所以提出这个滥题来讨论者，并不是要说出什么一番大道理，不过把我自己平时几种对于人生的态度随便拿来做一次谈料。

我有两种看待人生的方法。在第一种方法里，我把我自己摆在前台，和世界一切人和物在一块玩把戏，在第二种方法里，我把我自己摆在后台，袖手看旁人在那儿装腔作势。

站在前台时，我把我自己看得和旁人一样，不但和旁人一样，并且和鸟兽虫鱼诸物也都一样。人类比其他物类痛苦，就因为人类把自己看得比其他物类重要。人类中有一部分人比其余的人苦痛，就因为这一部分人把自己比其余的人看得重要。比方穿衣吃饭是多么简单的事，然而在这个世界里居然成为一个极重要的问题，就因为有一部分人要亏人自肥。再比方生死，这又是多么简单的事，无量数人和无量数物都已生过来死过去了。一个小虫让车轮压死了，或者一朵鲜花让狂风吹落了，在虫和花自己都决不值得计较或留恋，而在人类则生老病死以后偏要加上一个苦字。这无非是因为人们希望造物主宰待他们自己应该比草木虫鱼特别优厚。

因为如此着想，我把自己看作草木虫鱼的侪辈，草木虫鱼在和风甘露中是那样活着，在炎暑寒冬中也还是那样活着。像庄子所说，它们"诱然皆生，而不知其所以生；同焉皆得，而不知其所以得"。它们时而戾天跃渊，欣欣向荣，时而含葩敛翅，晏然蛰处，都顺着自然所赋予的那一副本性。它们决不计较生活应该是如何，决不追究生活是为着什么，也决不埋怨上天待它们特薄，把它们供人类宰割凌虐。在它们说，生活自身就是方法，生活自身也就是目的。

从草木虫鱼的生活，我觉得一个经验。我不在生活以外别求生活方法，不在生活以外别求生活目的。世间少我一个，多我一个，或者我时而幸运，时而受灾祸侵逼，我以为这都无伤天地之和。你如果问我，人们应该如何生活才好呢？我说，就顺着自然所给的本性生活着，像草木虫鱼一样。你如果问我，人们生活在这幻变无常的世相中究竟为着什么？我说，生活就是为着生活，别无其他目的。你如果向我埋怨天公说，人生是多么苦恼呵！我说，人们并非生在这个世界来享幸福的，所以那并不算奇怪。

这并不是一种颓废的人生观。你如果说我的话带有颓废的色彩，我请你在春天到百花齐放的园子里去，看看蝴蝶飞，听听鸟儿鸣，然后再回到十字街头，仔细瞧瞧人们的面孔，你看谁是活泼，谁是颓废？请你在冬天积雪凝寒的时候，看看雪压的松树，看看站在冰上的鸥和游在水中的鱼，然后再回头看看遇苦便叫的那"万物之灵"，你以为谁比较能耐

鸭子在沟里栖身
Geo Poggenbeek
1884
荷兰油画

苦持恒呢？

我拿人比禽兽，有人也许目为异端邪说。其实我如果要摸引“经典”，称道孔孟以辩护我的见解，也并不是难事。孔子所谓“知命”，孟子所谓“尽性”，庄子所谓“齐物”，宋儒所谓“廓然大公，物来顺应”和希腊廊下派哲学，我都可以引申成一篇经义文，做我的护身符。然而我觉得这大可不必。我虽不把自己比旁人看得重要，我也不把自己看得比旁人分外低能，如果我的理由是理由，就不用仗先圣先贤的声威。

以上是我站在前台对于人生的态度。但是我平时很欢喜站在后台看人生。许多人把人生看作只有善恶分别的，所以他们的态度不是留恋，就是厌恶。我站在后台时把人和物也一律看待，我看西施、嫫母、秦桧、岳飞也和我看八哥、鹦鹉、甘草、黄连一样，我看匠人盖屋也和我看鸟鹊营巢、蚂蚁打洞一样，我看战争也和我看斗鸡一样，我看恋爱也和我看雄蜻蜓追雌蜻蜓一样。因此，是非善恶对我都无意义，我只觉得对着这些纷纭扰攘的人和物，好比看图画，好比看小说，件件都很有趣味。

这些有趣味的人和物之中自然也有一个分别。有些有趣味，是因为它们带有很浓厚的喜剧成分；有些有趣味，是因为它们带有很深刻的悲剧成分。

我有时看到人生的喜剧。前天遇见一个小外交官，他的上下巴都光光如也，和人说话时却常常用大拇指和食指在腮旁捻一捻，像有胡须似的。他们说这是官气，我看到这种举动比看诙谐画还更有趣味。许多年前一位同事常常很气忿的向人说："如果我是一个女子，我至少已接得一尺厚的求婚书了！"偏偏他不是女子，这已经是喜剧。何况他又麻又丑，纵然他幸而为女子，也决不会有求婚书的麻烦，而他却以此沾沾自喜，这总算得喜剧之喜剧了。这件事和英国文学家哥尔德斯密斯的一段逸事一样有趣。他有一次陪几个女子在荷兰某一个桥上散步，看见桥上行人个个都注意他同行的女子，而没有一个睬他自己，便板起面孔很气忿的说："哼，在别地方也有人这样看我咧！"如此等类的事，我天天都见得着。在闲静寂寞的时候，我把这一类的小小事件从记忆中召回来，寻思玩味，觉得比抽烟饮茶还更有味。老实说，假如这个世界中没有曹雪芹所描写的刘姥姥，没有吴敬梓所描写的严贡生，没有莫里哀所描写的达尔杜弗和阿尔巴贡，生命更不值得留恋了。我感谢刘姥姥、严贡生一流人物，更甚于我感谢钱塘的潮和匡庐的瀑。

其次，人生的悲剧尤其能使我惊心动魄；许多人因为人生多悲剧而悲观厌世，我却以为人生有价值正因其有悲剧。我在几年前做的《无言之美》里曾说明这个道理，现在引一段来：

我们所居的世界是最完美的，就因为它是最不完美的。这话表面看去，不通已极。但是实含有至理。假如世界是完美的，人类所过的生活——比好一点，是神仙的生活，比坏一点，就是猪的生活——便呆板单调已极，因为倘若件件事都尽美尽善了，自然没有希望发生，更没有努力奋斗的必要。人生最可乐的就是活动所生的感觉，就是奋斗成功而得的快慰。世界既完美，我们如何能尝创造成功的快慰？这个世界之所以美满，就在有缺陷，就在有希望的机会，有想象的田地。换句话说，世界有缺陷，可能性才大。

这个道理李石岑先生在《一般》三卷三号所发表的《缺陷论》里也说得很透辟。悲剧也就是人生一种缺陷。它好比洪涛巨浪，令人在平凡中见出庄严，在黑暗中见出光彩。假如荆轲真正刺中秦始皇，林黛玉真正嫁了贾宝玉，也不过闹个平凡收场，那得叫千载以后的人唏嘘赞叹？以李太白那样天才，偏要和江淹戏弄笔墨，做了一篇“反恨赋”，和“上韩荆州书”一样庸俗无味。毛声山评《琵琶记》，说他有意要做“补天石”传奇十种，把古今几件悲剧都改个快活收场，他没有实行，总算是一件幸事。人生本来要有悲剧才能算人生，你偏想把它一笔勾销，不说你勾销不去，就是勾销去了，人生反更索然寡趣。所以我无论站在前台或站在后台时，对于失败，对于罪孽，对于殃咎，都是一幅冷眼看待，都是用一个热心惊赞。

朋友，我感谢你费去宝贵的时光读我的这十二封信，如果你不厌倦，将来我也许常常和你通信闲谈，现在让我暂时告别罢！

你的朋友 孟实

给不管闲事的人们

“违天者不祥”，
听天由命，
这是人的必要，
也是人的美德，
谁真正征服过自然？

朋友们：

在不管闲事这一点上咱们是志同道合的。这并非偶然，咱们都是中国人，而中国人的骨髓里都有一种怕管闲事的血素，这是无数年代的传家之宝。所以我敢说我懂得你们，你们当然也会懂得我。所谓“英雄之见大抵略同”。今天偶然有空，写这封信聊当谈心。话像是多余的，仍不免尽于爱管闲事，还得请求原谅。

我首先推荐一部书，那是我在童年时代就听惯了因而熟记了的。开头一句是“昔时贤文”，大家就叫它“贤文”。这是咱们中国人处世哲学的结晶。其中有两句话是诸位都记得的：“各人自扫门前雪，不管他人瓦上霜。”这正是咱们不管闲事的人们的经典。你看这话说得多么漂亮，有哲理而且有诗意！不过也许正因为它诗意，它的哲理还嫌说得过于温和，不够彻底。他人瓦上霜是闲事，影响不到我，不用管，这是天经地义的。就是自家门前雪，既在门前，我走旁人也走，扫来还是多事。最干脆的

自由引导人民
欧仁·德拉克罗瓦
现藏于卢浮宫博物馆

办法是把门关起来，学袁安高卧。提起袁安——那位“雪满山中高士卧”的高士，是多么风雅，多么清高！咱们不爱管闲事，为的就是保持这种清高。你看，凡是爱管闲事的都是一些功利之徒、俗人，龌龊不堪。咱们当然比他们高一等，不屑与他们为伍，跟他们鬼混，同流合污！纵然咱们在其他方面不比他们高，只要不管闲事，就会显得比他们高。占便宜总是好的，消极抵抗就占了便宜，这便宜是太便宜了，为什么不占？爱管闲事的人们丢掉这个便宜不占，真是一班傻子！

为人处世总要有一套哲学。咱们的先圣先贤在这方面有极宝贵的教训，儒家谆谆告诫的是安分守己，道家谆谆告诫的是无为省事，数千年的经验证实了这智慧，哪里还有错的！事当然有时要有人管才行，但是世间爱管闲事的人多着呢，咱们不管，他们还是要管，“安邦治国平天下，自有周公孔圣人”。他们要管，咱们再去管，管就是多余的，是精力的浪费。他们也不管怎么办？咱们还是不管，反正“天倒大家当”，祸害哪里就会落在我一个人头上？况且天纵然塌下来，我可能躲在一个不当要冲的角落里——一个石缝或一堆死尸里——还可以幸免苟活。何况天不见得就倒？没有倒却就怕它倒，那真是“杞人忧天”，未免多事。再退一步说，天如果真正要倒的话，那是命运，难道你就能把它撑得起来？“违天者不祥”，听天由命，这是人的必要，也是人的美德，谁真正征服过自然？

天未必倒而你爱管闲事，天却有倒在你一个人头上的可能。这世间人不但污浊，不但愚蠢，而且也阴险残酷，咱们少惹他们为妙。比如说，你看见一个拿枪的人强奸一个女人，那事固然不对，可是受害的既不是你，你就得少管闲事，谨防他的枪向你的胸膛瞄准。你装着不知道，若无其事地走开，那就显得你很聪明。在你走开时，你不但要闭着眼睛，也要闭着良心。你不能起“是非之心”“恻隐之心”和“羞恶之心”，这些劳什子一起来，你就不能不管闲事，或是挺身前去阻拦，或是呼援报警。那你就要准备牺牲自己，而牺牲自己是违反“明哲保身”的大原则的人。话虽如此说，社会是闲事，道德也还是闲事，管它的。

英国哲学家霍布斯说在“自然状态”中，“是与非，公道与不公道的观念都没有地位”，而“人的生活是孤独的、贫穷的、龌龊的、残酷的、短促的”。好一个“自然状态”啊！那是咱们现在中国情形的写照，也是咱们不管闲事的人们的乌托邦，让咱们向它礼赞！

一个近于爱管闲事的人拜上

中国文坛缺乏什么

在中国，
文学的销场
还只限于一般好呐喊叫嚣的青年人
和一般的油腔滑调的中年人，
于是文学的气味就显然形成两种，
不是呐喊叫嚣，
就是油腔滑调。

在欧洲各国，从事于文学的人们可约分三派：

第一是经院派。大学里有文学专科。文学和数学、植物学一样，是一种系统研究的对象，所谓研究大半偏于考据与批评。这一派最大的功用有两种：一种是对于作家与作品加以精细严密的分析与综合，使读者不中止于肤浅的了解；一种是维持一国文学固有的传统，帮助一般人明白前人所已走过的路径，知道何去何从，不致一味“自我作古”。

第二是新闻纸派。文学是一般民众的嗜好，虽然趣味深浅随人而异。报章杂志为迎合这种普遍的要求起见，往往特辟文学一栏。这种文学是要定期交货的，于是有一般人专以制造这种文学为职业。他们主要的目的虽是商业的，对于文学的繁荣亦不无贡献。一般人对于文学所得的知识，所养成的趣味，大半都来自新闻纸。一个新兴的作者能得到听众，往往也靠新闻纸的鼓吹。

第三是地道的文人派，像英国的 Bloomsbury Group 和法国的

Nouvelle Revue Francaise 里面的作者。他们有经院派的训练而没有经院派的陈腐，有新闻纸派的流动新颖而没有新闻纸派的油滑肤浅。文学是他们的特殊工作，有时也是他们的特殊职业，但是他们的文学却没有完全走上职业化的路。他们能保持一种超然的态度，不泥古也不超时，只是跟着自己的资禀和兴趣向前走。好的文学创作大半是从他们手里出来的。他们有时也做经院派所做的考据批评，做新闻纸派所做的通俗化的工作，但是都比这两派人做的更好。

不消说得，这三派人之中以第三派人为最重要，而中国文坛中所缺乏的也正是这第三派人。现在中国文人不是属于经院派，就是属于新闻纸派，要想找几个超然于经院与新闻纸之外的地道的文人，我们简直找不着。这正犹如中国政治界只有政阀政客而无纯粹的政论家一样，结果是吃文学饭和政治饭的人愈多，而文学与政治也就愈闹愈糊涂。

文人不能无职业，在现在中国经济状况之下，文人没有方法拿文学做一个正当的职业，于是从事于文学者不投身于经院，就须投身于新闻界，经院容量有限，于是新闻界就变成大多数文人的逋逃所。这种情形是极凄惨的。既投身于新闻界，就不能不跟着商人作推广销场的计算。在中国，文学的销场还只限于一般好呐喊叫嚣的青年人和一般的油腔滑调的中年人，于是文学的气味就显然形成两种，不是呐喊叫嚣，就是油腔滑调。

这种情况在目前似乎无法挽救，谈到究竟，还是生活问题。要想凭空产生一个所谓地道的文人阶级，自然是痴人说梦。在目前情况之下，我们不能不希望经院派多加努力，给新闻纸派一个不可少的调剂。造成现在文坛惨状的罪过，不在新闻纸派而在经院派。新闻纸派始终是很热闹地尽他们的职责，而经院派则始终是很沉寂。有一般经院派的人们负有很大的自尊心，对于在报章发表文字乃至于印行书籍，都存在着一种不屑的态度，以为“文章千古事”，哪里可以这样随便？他们不肯“出风头”的美德固然可敬佩，但是同时也不免令人起“闷葫芦”之感。“藏之名山，传诸其人”，究竟是道家的一种诡秘话头，在今日已不甚适用。在今日而言今日，经院派中人就是只为维持他们的自尊起见，也应该打破他们现在的沉寂！

在香港中文大学一次座谈会上的谈话

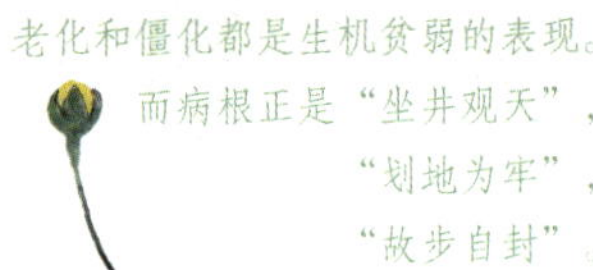

从我自己走过的曲折的道路和观察到的美学界现况来看，应该谈的主要有两点：一是“博学而守约”，二是坚持科学的严谨态度。

所谓“博学”，就是把根基打广些；所谓“守约”，就是集中力量。先说博学，作为一个近代理论工作者，超码要有一番近代常识，不但要有社会科学常识，也要有自然科学常识。在自然科学方面，美学必须有心理学的基础。

美学所涉及的基本知识也包括对外文的知识。不准确的理解和翻译就会歪曲原意，害人不浅。生在现代，学任何科学都不能闭关自守、坐井观天，必须透过外文去掌握现代世界的最新的乃至最重大的资料。

学外文也并不是很难的事。再谈一点亲身经验，趁便也说明上面所提到的“守约”的道理。我在快六十岁的时候，才自学俄文，一面听广播，一面抓住契诃夫的《樱桃园》和《三姊妹》、屠格涅夫的《父与子》和高尔基的《母亲》这几本书硬啃。每本书都读上三四遍。这些工作都是在课余时间做的，做了两年之后，我也可以捧着一部字典去翻译俄文书了。可惜“文革”中耽搁了十多年，学到手的已大半忘掉了。

第二就是坚持科学的严谨态度。据我看，外因或外面的压力固然也起作用，但是起决定作用的还是内因。内因主要是自己的惰性和顽固性。其实这是两个同义词，都是精神服从物质，走抵抗力最低的路。怎么样才能不走抵抗力最低的路呢？那就要靠同时有比较强的力量来牵制和抵挡最低的抵抗力，逼它让路。

老化和僵化都是生机贫弱的表现。而病根正是“坐井观天”“划地为牢”“故步自封”。因此，我在做人和做学问方面都经常用朱熹的诗悬为座右铭：“半亩方塘一鉴开，天光云影共徘徊。问渠那得清如许，为有源头活水来。”关键就在“源头活水”，这就是生机的源泉，有了它就可以防止污染，使头脑常醒和不断更新，一句话，要“放眼世界”，不断吸收精神营养！

胡愈之同志早年活动的片断回忆

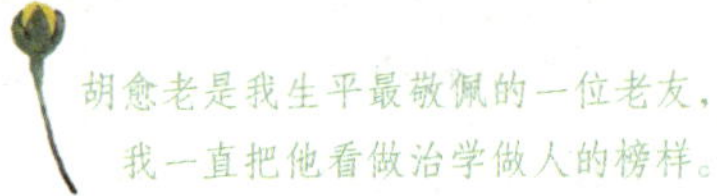

胡愈老是我生平最敬佩的一位老友，
我一直把他看做治学做人的榜样。

说到胡愈老，我在幼年时对他就很景仰。当时我在家塾里阅读到的报刊都是商务印书馆出版的，胡愈老那时就已在商务印书馆工作，还不是编辑，而是打杂，境遇很苦。但我把他的工作当作我的理想，准备走他的道路。我曾通信投考商务印书馆的学徒，想趁此既可以学习又可以从事文艺活动，接触一些新思想，弥补乡村教育的贫乏。但是我没有被录取。

1923 年我离开浙江上虞春晖中学，和匡互生、夏丏尊、丰子恺等人转到上海，与叶圣陶、胡愈之、周予同、陈之佛、刘大白、夏衍等商妥，成立了一个立达学会，在江湾筹办起立达学园。此后和胡愈老接触就日渐多起来，他给我的印象是刻苦耐劳，勤勤恳恳。我们这一批人对当时北洋军阀统治下的政治现实和教育情况都深为不满。

立达学园办起来之后，1925 年我去欧洲留学，和胡愈老差不多同时出国。他到法国，进巴黎大学学习法文和法国文学。我赴英国，先后进爱丁堡大学及伦敦大学学习。英法只隔一个海峡，过海只要花几个小时，所

在巴黎公园里
1891
巴西莫里斯普伦德加斯特
美国油画

以我同时在巴黎大学注册，时常过海听法语课并看望胡愈老和其他朋友。在这段时间里，我经常和他们在巴黎会面交谈。

胡愈老住在巴黎的拉丁区（大学区），在旅馆里租了一间很宽大的房子，房租每月约六百法郎。在当时的穷学生中这是很少有的，我住在巴黎郊区一位裁缝工人家里，每月房租只需三百法郎。胡愈老宁肯节省饭钱，往往到街头站着吃一种“鱼餐”，那是炸小鱼和土豆（而正餐则要花好几元）。他在吃的方面极其节省，而使住房宽敞一点，便于上课及参加各种社会活动，接待巴黎文化界各国人士。

我每逢进城上课，都要去看胡愈老。当时和他住在一起的是陈诚的弟兄陈忠恕，此人也很勤奋好学，保持着书生本色。胡愈老待他很好，可惜陈死得很早。

在我的印象中，胡愈老的大衣口袋里经常塞满报刊，大半是国际政治活动动态或是世界语方面的报刊。世界语和国际政治这是他当时最关心的两件事。他在巴黎很活跃，同各国左派留学生接触较多，并且开始研究世界语。胡愈老是在中国最早提倡世界语的，对世界语在中国的发展功劳很大。当时胡愈老和共产党似乎尚无直接关系。他有个弟兄叫胡仲持，是共产党员，我是回国后才见到的。胡仲持对他可能有一定影响。

当时留法勤工俭学的学生大半都是无政府主义色彩。中法大学校长李石曾是勤工俭学运动的领导人，也是在北洋军阀统治下在中国传播无政府主义的重要人物之一。

先前我们同匡互生等在上海创办立达学园，名为“学园”，就是要把学校当作劳动基地，这也是受到无政府主义思想影响的。记得筹办立达学园时，我曾经陪匡互生跑到北京找过李石曾，并由他介绍见到了教育部长易培基、副部长黎锦熙，得到他们在经费和道义方面的支持。在立达学园之上还有上海江湾的劳动大学，这所学校的名称就把劳动生产的宗旨明白地标明出来了。

当时我们不满旧军阀统治下的旧教育，认为要推翻北洋军阀的统治，就必须改革旧教育制度，争取青年一代，所以还办了一个刊物叫做《一般》（即后来的《中学生》），由叶圣陶、夏丏尊主持。《中学生》至今由叶老的儿子叶至善任编辑，还在发挥教育青年的作用。胡愈老从立达学园创建开始一直到现在，都是立达学园这一系列活动的大力支持者。

胡愈老是我生平最敬佩的一位老友，我一直把他看做治学做人的榜样。他年纪比我还大一两岁，身体也比我稍差，可是工作头绪比我多几倍。他从容不迫地处理着多方面的繁重工作。我每逢想松劲偷懒时，一想到他的榜样，就提高了自己的勇气。

第四章

活的趣味在于发现新境界

习文有如习画，须常备一个速写簿带在身边，遇到一片风景，一个人物，或是一种动态，觉得它新鲜有趣，可以入画，就随时速写。

文艺作品都不能拆开来看

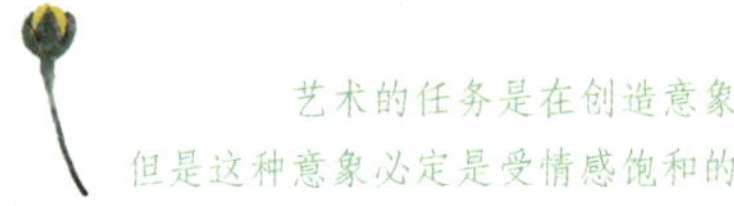

文艺作品都必具有完整性。它是旧经验的新综合，它的精彩就全在这综合上面见出。在未综合之前，意象是散漫零乱的；在既综合之后，意象是谐和整一的。这种综合的原动力就是情感。凡是文艺作品都不能拆开来看，说某一笔平凡，某一句警辟，因为完整的全体中各部分都是相依为命的。人的美往往在眼睛上现出，但是也要全体健旺，眼中精神才饱满，不能把眼睛单拆开来，说这是造化的“警句”。严沧浪说过：“汉魏古诗，气象混沌，难以句摘；晋以还始有佳句。”这话本是见道语而实际上又不尽然。晋以还始有佳句，但是晋以还的好诗像任何时代的好诗一样，仍然“难以句摘”。比如《长信怨》的头两句：“奉帚平明金殿开，暂将团扇共徘徊”，拆开来单看，本很平凡。但是如果没有这两句所描写的荣华冷落的情境，便显不出后两句的精彩。功夫虽从点睛见出，却从画龙做起。凡是欣赏或创造文艺作品，都要先注意到总印象，不可离开总印象而细论枝节。比如古诗《采莲曲》：

采莲复采莲，莲叶何田田！鱼戏莲叶东，鱼戏莲叶南，鱼戏 莲叶西，鱼戏莲叶北。

单看起来，每句都无特色，合看起来，全篇却是一幅极幽美的意境。这不仅是汉魏古诗是如此，晋以后的作品如陈子昂的《登幽州台歌》：

前不见古人，后不见来者，念天地之悠悠，独怆然而涕下。

也是要在总印象上玩味，决不能字斟句酌。晋以后的诗和晋以后的词大半都是细节胜于总印象，聪明气和斧凿痕迹都露在外面，这的确是艺术的衰落现象。

情感是综合的要素，许多本来不相关的意象如果在情感上能调协，便可形成完整的有机体，比如李太白的《长相思》收尾两句说：

相思黄叶落，白露点青苔。

钱起的《湘灵鼓瑟》收尾两句说：

曲终人不见，江上数峰青。

温飞卿的《菩萨蛮》前阕说：

水晶帘里颇黎枕，暖香惹梦鸳鸯锦。江上柳如烟，雁飞残月天。

秦少游的《踏莎行》前阕说：

雾失楼台，月迷津渡，桃源望断无寻处。可堪孤馆闭春寒，杜鹃声里斜阳暮。

这里加点的字句所传出的意象都是物景，而这些诗词全体原来都是着重人事。我们仔细玩味这些诗词时，并不觉得人事之中猛然插入物景为不伦不类，反而觉得它们天生成地联络在一起，互相烘托，益见其美。这就由于它们在情感上是谐和的。单拿“曲终人不见，江上数峰青”两句诗来说，曲终人杳虽然与江上峰青绝不相干，但是这两个意象都可以传出一种凄清冷静的情感，所以它们可以调和。如果只说“曲终人不见”而无“江上数峰青”，或是只说“江上数峰青”而无“曲终人不见”，意味便索然了。从这个例子看，我们可以见出创造如何是平常的意象的不平常的综合，诗如何要论总印象，以及情感如何使意象整一种种道理了。

因为有情感的综合，原来似散漫的意象可以变成不散漫，原来似重复的意象也可以变成不重复。《诗经》里面的诗大半每篇都有数章，而数章所说的话往往无大差别。例如《王风·黍离》：

彼黍离离，彼稷之苗。行迈靡靡，中心摇摇。知我者谓我心忧，不知我者谓我何求！悠悠苍天，此何人哉？

彼黍离离，彼稷之穗。行迈靡靡，中心如醉。知我者谓我心忧，不知我者谓我何求！悠悠苍天，此何人哉？

彼黍离离，彼稷之实。行迈靡靡，中心如噎。知我者谓我心忧，不知我者谓我何求！悠悠苍天，此何人哉？

这三章诗每章都只更换两三个字，只有“苗”“穗”“实”三字指示时间的变迁，其余“醉”“噎”两字只是为压韵而更换的；在意义上并不十分必要。三章诗合在一块不过是说：“我一年四季心里都在忧愁。”诗人何必把它说一遍又说一遍呢？因为情感原是往复低徊、缠绵不尽的。这三章诗在意义上确似重复而在情感上则不重复。

总之，艺术的任务是在创造意象，但是这种意象必定是受情感饱和的。情感或出于己，或出于人，诗人对于出于己者须跳出来视察，对于出于人者须钻进去体验。情感最易感通，所以“诗可以群”。

艺术家须一半是诗人，一半是匠人

艺术家要有诗人的妙悟，
要有匠人的手腕，
只有匠人的手腕而没有诗人的妙悟，
固不能有创作；
只有诗人的妙悟而没有匠人的手腕，
即创作亦难尽善尽美。

什么叫作“媒介”？它就是艺术传达所用的工具。比如颜色、线形是图画的媒介，金石是雕刻的媒介，文字语言是文学的媒介。艺术家对于他所用的媒介也要有一番研究。比如达·芬奇的《最后的晚餐》是文艺复兴时代最大的杰作。但是他的原迹是用一种不耐潮湿的油彩画在一个易受潮湿的墙壁上，所以没过多少时候就剥落消失去了。这就是对于媒介欠研究。再比如建筑，它的媒介是泥石，它要把泥石砌成一个美的形象。建筑家都要有几何学和力学的知识，才能运用泥石；他还要明白他的媒介对于观者所生的影响，才不至于乱用材料。希腊建筑家往往把石柱的腰部雕得比上下都粗壮些，但是看起来它的粗细却和上下一律，因为腰部是受压时最易折断的地方，容易引起它比上下较细弱的错觉，把腰部雕粗些，才可以弥补这种错觉。

在各门艺术之中都有如此等类的关于媒介的专门知识，文学方面尤其显著。诗文都以语言文字为媒介。作诗文的人一要懂得字义，二要懂得字音，三要懂得字句的排列法，四要懂得某字某句的音义对于读者所生的影响。这四样都是专门的学问。前人对于这些学问已逐渐蓄积起许多经验和成绩，而不是任何人只手空拳、毫无凭借地在一生之内所可得到的。自己既不能件件去发明，就不得不利用前人的经验和成绩。文学家对于语言文字是如此，一切其他艺术家对于他的特殊的媒介也莫不然。各种艺术都同时是一种学问，都有无数年代所积成的技巧。学一门艺术，就要学该门艺术所特有的学问和技巧。这种学习就是利用过去经验，就是吸收已有文化，也就是模仿的一端。

古今大艺术家在少年时所做的功夫大半都偏在模仿。米开朗基罗费过半生的功夫研究希腊罗马的雕刻，莎士比亚也费过半生的功夫模仿和改作前人的剧本，这是最显著的例子。中国诗人中最不像用过功夫的莫过于李太白，但是他的集中摹拟古人的作品极多，只略看看他的诗题就可以见出。杜工部说过："李侯有佳句，往往似阴铿。"他自己也说过："解道长江 静如练，令人长忆谢玄晖。"他对于过去诗人的关系可以想见了。

艺术家从模仿入手，正如小儿学语言，打网球者学姿势，跳舞者学步法一样，并没有什么玄妙，也并没有什么荒唐。不过这步功夫只是创造的始基。没有做到这步功夫和做到这步功夫就止步，都不足以言创造。我们在前面说过，创造是旧经验的新综合。旧经验大半得诸模仿，新综合则必自出心裁。

像格律一样，模仿也有流弊，但是这也不是模仿本身的罪过。从前学者有人提倡模仿，也有人唾骂模仿，往往都各有各的道理，其实并不冲突。顾亭林的《日知录》里有一条说：

诗文之所以代变，有不得不然者。一代之文，沿袭已久，不容人人皆道此语。今且千数百年矣，而犹取古人之陈言一一而模仿之，以是为诗可乎？故不似则失其所以为诗，似则失其所以为我。

这是一段极有意味的话，但是他的结论是突如其来的。“不似则失其所以为诗”一句和上文所举的理由恰相反。他一方面见到模仿古人不足以为诗，一方面又见到不似古人则失其所以为诗。这不是一个矛盾么？

这其实并不是矛盾。诗和其他艺术一样，须从模仿入手，所以不能不似古人，不似则失其所以为诗；但是它须归于创造，所以又不能全似古人，全似古人则失其所以为我。创造不能无模仿，但是只有模仿也不能算是创造。

凡是艺术家都须有一半是诗人，一半是匠人。他要有诗人的妙悟，要有匠人的手腕，只有匠人的手腕而没有诗人的妙悟，固不能有创作；只有诗人的妙悟而没有匠人的手腕，即创作亦难尽善尽美。妙悟来自性灵，手腕则可得于模仿。匠人虽比诗人身分低，但亦绝不可少。青年作家往往忽略这一点。

灵感是从功夫出来的

有些人天资颇高而成就则平凡，
他们好比有大本钱而没有做出大生意；
也有些人天资并不特异而成就则斐然可观，
他们好比拿小本钱而做出大生意。
这中间的差别就在努力与不努力了。

知道格律和模仿对于创造的关系，我们就可以知道天才和人力的关系了。

生来死去的人何只恒河沙数？真正的大诗人和大艺术家是在一口气里就可以数得完的。何以同是人，有的能创造，有的不能创造呢？在一般人看，这全是由于天才的厚薄。他们以为艺术全是天才的表现，于是天才成为懒人的借口。聪明人说，我有天才，有天才何事不可为？用不着去下功夫。迟钝人说，我没有艺术的天才，就是下功夫也无益。于是艺术方面就无学问可谈了。

“天才”究竟是怎么一回事呢？ 它自然有一部分得诸遗传。有许多学者常欢喜替大创造家和大发明家理家谱，说莫扎特有几代祖宗会音乐，达尔文的祖父也是生物学家，曹操一家出了几个诗人。这种证据固然有相当的价值，但是它决不能完全解释天才。同父母的兄弟贤愚往往相差很远。曹操的祖宗有什么大成就呢？曹操的后裔又有什么大成就呢？

天才自然也有一部分成于环境。假令莫扎特生在音阶简单、乐器拙陋的蒙昧民族中，也决不能作出许多复音的交响曲。“社会的遗产”是不可蔑视的。文艺批评家常欢喜说，伟大的人物都是他们的时代的骄子，艺术是时代和环境的产品。这话也有不尽然。同是一个时代而成就却往往不同。英国在产生莎士比亚的时代和西班牙是一般隆盛，而当时西班牙并没有产生伟大的作者。伟大的时代不一定能产生伟大的艺术。美国的独立，法国的大革命在近代都是极重大的事件，而当时艺术却卑卑不足高论。伟大的艺术也不必有伟大的时代做背景，席勒和歌德的时代，德国还是一个没有统一的纷乱的国家。

我承认遗传和环境的影响非常重大，但是我相信它们都不能完全解释天才。在固定的遗传和环境之下，个人还有努力的余地。遗传和环境对于人只是一个机会，一种本钱，至于能否利用这个机会，能否拿这笔本钱去做出生意来，则所谓“神而明之,存乎其人”。有些人天资颇高而成就则平凡，他们好比有大本钱而没有做出大生意；也有些人天资并不特异而成就则斐然可观，他们好比拿小本钱而做出大生意。这中间的差别就在努力与不努力了。牛顿可以说是科学家中一个天才了，他常常说：“天才只是长久的耐苦。”这话虽似稍嫌过火，却含有很深的真理。只有死功夫固然不尽能发明或创造，但是能发明创造者却大半是下过死功夫来的。哲学中的康德、科学中的牛顿、雕刻图画中的米开朗基罗、音乐中的贝多芬、书法中的王羲之、诗中的杜工部，这些实例已经够证明人力的重要，又何必多举呢?

最容易显出天才的地方是灵感。我们只须就灵感研究一番，就可以见出天才的完成不可无人力了。

杜工部尝自道经验说：“读书破万卷，下笔如有神。”所谓“灵感”就是杜工部所说的“神”，“读书破万卷”是功夫，“下笔如有神”是灵感。

据杜工部的经验看，灵感是从功夫出来的。

不能为艺术而艺术

人是一个有机整体，
除了形象思维的能力之外，
他还有抽象思维或逻辑推理的能力，
也不能不在适当时机发挥作用，
特别是在酝酿或准备阶段
和作品形成后斟酌修改阶段，
形象思维和抽象思维往往是交叉使用的。

什么叫作思维？思维就是开动脑筋来掌握和解决面临的客观现实生活中的问题。所以思维本身既是一种实践活动，又是一种认识活动。思维分为两个步骤：第一步是掌握具体事物的形象，如色、声、嗅、味、触之类感官所接触到的形式和运动都在头脑里产生一种映象。这是原始的感性认识，有种种名称，例如感觉、映象、观念或表象。把从感性认识所得来的各种映象加以整理和安排，来达到一定的目的，这就叫作形象思维。把许多感性形象加以分析和综合，求出每类事物的概念、原理或规律，这是从感性认识飞跃到理性认识，这种思维就是抽象思维或逻辑思维。

举个具体的例子来说，到北海公园散步，每前走一步都接触到一些具体事物，亭台楼阁呀，花草虫鱼呀，水光塔影呀，男男女女、老老少少呀，只要是我们注意到的，他们都在我们脑里留下一些映象，其中有一部分能引起我们兴趣的就储存在我们记忆里。在散步中我们也不断遇到一些实际生活的问题，走累了就想找个地方休息，口渴了就想喝点什么，看到游艇，就动了划船的念头，如此等等。解决这类具体问题，就要我们开动一下脑筋，进行一点思维，这种实际生活所引起的思维大部分都是形象思维。要休息吧，就想到某堆山石后某棵大树下的座椅较安静，儿童游戏场附近较热闹，你的抉择要看你爱清静还是爱热闹；要喝茶吧，就想到茶在北海里不易得，啤酒也稀罕，就去喝点汽水算啦，如此等等。就连我这个整天做科研工作的老汉在这些场合也不去进行抽象思维，因为那里没有这个必要。我举逛北海的例子要说明的是形象思维确实存在，不单是在文艺创作中，就连在日常生活中也是经常动用的；单是形象思维也不一定就产生文艺作品。

当然也有人逛北海会起作诗作画或写游记的兴致。北海里那么多的好风景和人物活动当然不能整个都放到诗或画里，总要凭自己思想感情的支配，从许多繁复杂乱的映象之中把某些自己中意而且也可使旁人中意的映象挑选出来加以重新组合和安排，创造出一个叫作“作品”的新的整体，即达·芬奇所说的“第二自然”。这就是文艺创作中的形象思维了。

在文艺创作过程中，一般都有个酝酿阶段，思想情感白热化阶段，还有一段斟酌修改阶段。白热化阶段是文艺创作活动的高峰，这是一种聚精会神的状态，这时心无二用，一般只专注在形象思维上，无暇分心到抽象思维上去。但是我们已多次强调过，人是一个有机整体，除了形象思维的能力之外，他还有抽象思维或逻辑推理的能力，也不能不在适当时机发挥作用，特别是在酝酿或准备阶段和作品形成后斟酌修改阶段，形象思维和抽象思维往往是交叉使用的。例如参观访问、搜集资料、整理资料都不完全是形象思维的事。你作诗或写剧本，决不会只为你自己享受，还要考虑到听众能不能接受，对他们的影响是好是坏，乃至朗诵员和演员的安排和训练，出版和纸张印刷供应之类问题。考虑到这些与文艺创作有关的广泛的实际问题，你就决不能不适应实际需要，参用一些抽象思维。再拿逛北海为例来说，假如你是个建筑师或园林设计师，要为改造北海定规划，制蓝图，你当然要考虑到北海作为一种艺术名胜如何才能美观，要进行一些形象思维，此外也要考虑到年代建筑作为一种工程科学的许多理论问题，以及作为经济设施的投资、材料供应、劳动力配备和吸引旅游者之类经济问题，决不能只在“为艺术而艺术”。

每个人都可当文学家

有些人话说得好些，
有些人话说得差些，
话说得好就会如实地达意，
使听者感到舒适，
发生美感，
这样的说话就成了艺术。
说话的艺术就是最初的文学艺术。

文学的独特地位，还有一个浅而易见的原因。语言是人和人的交际工具，日常生活中谈话要靠它，交流思想感情要靠它，著书立说要靠它，新闻报道要靠它，宣传教育都要靠它。语言和劳动是人类生活的两大杠杆。任何人都不能不同语言打交道。不是每个人都会音乐、舞蹈、雕刻、绘画和演剧，但是除聋子和哑巴以外，任何人都会说话，都会运用语言。有些人话说得好些，有些人话说得差些，话说得好就会如实地达意，使听者感到舒适，发生美感，这样的说话就成了艺术。说话的艺术就是最初的文学艺术。说话的艺术在古代西方叫作“修辞术”，研究说话艺术的科学叫作“修辞学”，和诗学占有同样重要的地位。古代西方美学绝大部分是诗学和修辞学，亚里士多德、朗吉努斯、贺拉斯、但丁和文艺复兴时代无数诗论家都可以为证，专论其他艺术的美学著作是寥寥可数的。我国的情况也颇类似，历来盛行的是文论、诗论、诗话和词话，中国美学资料大部分也要从这类著作里找。我们历来对文学的范围是看得很广的，例如《论语》《道德经》《庄子》《列子》之类哲学著作，《左传》《国语》《战国策》《史记》《汉书》之类史学著作,《水经注》《月令》《考工记》《本草纲目》《齐民要术》之类科学著作乃至某些游记、日记、杂记、书简之类日常小品都成了文学典范。过去对此曾有过争论，有人认为西方人把文学限为诗歌、戏剧、小说几种大类型比较科学，其实那些人根本不了解西方文学界情况，如果他们翻看一下英国的《万人丛书》或牛津《古典丛书》的目录，或是一部较好的文学史，就会知道西方人也和我们一样把文学的范围看得很广的。

文学在各门艺术中既占有这样独特地位，它的媒介既是人人都在运用的语言，而它的范围又这样广阔，这些事实对我们有什么启发呢？我们每个人都在天天运用语言，接触到丰富多彩的社会生活，思想情感时时刻刻在动荡，所以既有了文学工具，又有了文学材料，那就不必妄自菲薄，只要努一把力，就有可能成为语言艺术家或文学家。当文学家并不是任何人的专利。在文学这门艺术方面有些实践经验，认识到艺术究竟是怎么一回事，有了这个结实基础，再回头研究美学，才能认清道路，不至暗中摸索，浪费时间。

每个人都可当文学家，不要把文学看作高不可攀。不过我在上文“只要努一把力”那个先决条件上加了着重符号，“怎样努力”这个问题就来了。文学各部门包括诗歌、戏剧和小说等的创作我都没有实践经验，关于这方面可以请教中外文学名著以及有关的理论著作，我不敢进什么忠告。我想请诸位特别注意的是语文的基本功。“工欲善其事，必先利其器”，语文就是文学的“器”。从我读到的青年文学家作品看，特别是从诸位向我表示决心要研究美学的许多来信看，多数人的语文基本功离理想还有些距离，用字不妥，行文不顺，生硬拖沓，空话连篇，几乎是常见的毛病。这也难怪诸位，从“四人帮”横行肆虐以来，我们都丧失了十几年

盲诗人荷马在唱诗
[法] 亚力山大 · 路易斯 · 勒卢瓦尔
1870

的大好时光，没有按部就班地进行学习，而且学风和文风都遭到了败坏，我们耳濡目染的坏文章和坏作品也颇不少，相习成风，不以为怪。一些老作家除掉茅盾、叶圣陶、吕叔湘几位同志以外，也很少有人向我们号召要练语文基本功。我还记得三十年代左右，夏丏尊、叶圣陶和朱自清几位同志在《一般》和《中学生》两种青年刊物中曾特辟出“文章病院”，把有语病的文章请进这个“病院”里加以诊断剖析。当时我初放弃文言文，学写语体文，从这个“文章病院”中几位名医的言教和身教中确实获得不少的教益，才认识到语体文也要字斟句酌，于是开始努力养成字斟句酌的习惯，现在回想到那些名医，还深心铭感。我希望热心语文教学的老师们多办些“文章病院”，多做些临床实习，使患病的恢复健康，未患病的知道预防。

我国有句老话：“熟读唐诗三百首，不会作诗也会吟。”过去我国学习诗文的人大半都从精选精读一些模范作品入手，用的是“集中全力打歼灭战”的办法，把数量不多的好诗文熟读成诵，反复吟咏，仔细揣摩，不但要懂透每字每句的确切意义，还要推敲出全篇的气势脉络和声音节奏，使它沉浸到自己的心胸和筋肉里，等到自己动笔行文时，于无意中支配着自己的思路和气势。这就要高声朗诵，只浏览默读不行。这是学文言文的长久传统，过去是行之有效的。现在学语体文是否还可以照办呢？从话剧和曲艺演员惯用的训练方法来看，道理还是一样的。我在外国大学学习语文时，看到外国同学乃至作家们也有下这种苦练功夫的。我还记得英国诗人哈罗德·孟罗在世时在大英博物馆附近开了一个专卖诗歌书籍的小书店，每周定期开朗诵会，请诗人们朗诵自己的作品，我在那里曾听过叶芝、艾略特、厄丁通等诗人的朗诵，深受教益，觉得朗诵会是个好办法。三十年代《文学杂志》社中一些朋友也在我的寓所里定期办过朗诵会，到抗战才结束。朗读的不只是诗，也有散文，吸引了当时北京的一些青年作家，对他们也起了一些“以文会友”的观摩作用。现在广播电台里也有时举行这种朗诵会，颇受听众的欢迎。这种办法还值得推广，小型的文学团体也可以分途举办，它不但可提高文学的兴趣，也有助于语言的基本功。

谐趣是一种原始美感

谐趣的定义可以说是：
以游戏态度，
把人事和物态的丑拙鄙陋和乖讹
当作一种有趣的意象去欣赏。

从心理学观点看，谐趣（the sense of humour）是一种最原始的普遍的美感活动。凡是游戏都带有谐趣，凡是谐趣也都带有游戏。谐趣的定义可以说是：以游戏态度，把人事和物态的丑拙鄙陋和乖讹当作一种有趣的意象去欣赏。

“谐”最富于社会性。艺术方面的趣味，有许多是为某阶级所特有的，“谐”则雅俗共赏，极粗鄙的人欢喜“谐”，极文雅的人也还是欢喜“谐”，虽然他们所欢喜的“谐”不必尽同。在一个集会中，大家正襟危坐时，每个人都有俨然不可侵犯的样子，彼此中间无形中有一层隔阂。但是到了谐趣发动时，这一层隔阂便涣然冰释，大家在谑浪笑傲中忘形尔我，揭开文明人的面具，回到原始时代的团结与统一。托尔斯泰以为艺术的功用在传染情感，而所传染的情感应该能固结人与人的关系。在他认为值得传染的情感之中，笑谑也占一个重要的位置。刘勰解释“谐”字说：“谐之言皆也，辞浅会俗，皆悦笑也。”这也是着重“谐”的社会性。社会的最好的团结力是谐笑，所以擅长谐笑的人在任何社会中都受欢迎。在极严肃的悲剧中有小丑，在极严肃的宫廷中有俳优。

尽善尽美的人物不能为谐的对象，穷凶极恶也不能为谐的对象。引起谐趣的大半介乎二者之间，多少有些缺陷，而这种缺陷又不致引起深恶痛疾。最普通的是容貌的丑拙。民俗歌谣中嘲笑麻子、瘌痢、瞎子、聋子、驼子等等残疾人的最多，据《文心雕龙》“魏晋滑稽，盛相驱扇。遂乃应玚之鼻方于盗削卵，张华之形比于握舂杵”，嘲笑容貌丑陋的风气自古就很盛行了。品格方面的亏缺也常为笑柄。例如下面两首民歌：

一个和尚挑水喝，两个和尚抬水喝，三个和尚没水喝。

门前歇仔高头马，弗是亲来也是亲；门前挂仔白席巾，嫡亲娘舅当仔陌头人。

寥寥数语，把中国民族性两个大缺点，不合群与浅薄，写得十分脱皮露骨。有时容貌的丑陋和品格的亏缺合在一起成为讥嘲的对象，《左传》宋守城人嘲笑华元打败仗被俘赎回的歌是好例：

睅其目，皤其腹，弃甲而复。于思于思，弃甲复来！

除这两种之外，人事的乖讹也是谐的对象，例如：

灶下养，中郎将；烂羊胃，骑都尉；烂羊头，关内侯。

——《后汉书·刘玄传》

十八岁个大姐七岁郎，说你郎你不是郎，说你是儿不叫娘，还得给你解扣脱衣裳，还得把你抱上床！

——卫辉民歌

都是觉得事情出乎常理之外，可恨亦复可笑。

谐都有几分讥刺的意味，不过讥刺不一定就是谐。例如：

不稼不墙，胡取禾三百廛兮？不狩不猎，胡瞻尔庭有县貆兮？

——《诗经·魏风·伐檀》

一尺布尚可缝；一斗米尚可舂；兄弟二人不相容！

——《汉书·淮南王传》

二首也是讥刺人事的乖讹，不过作者心存怨望，直率吐出，没有开玩笑的意味，就不能算是谐。

这个分别对于谐的了解非常重要。从几方面看，谐的特色都是模棱两可。第一，就谐笑者对于所嘲对象说，谐是恶意的而又不尽是恶意的，如果尽是恶意，则结果是直率的讥刺或咒骂（如“时日曷丧，予及女偕亡！”）。我们对于深恶痛疾的仇敌和敬爱的亲友都不容易开玩笑。一个人既拿另一个人开玩笑，对于他就是爱恶参半。恶者恶其丑拙鄙陋，爱者爱其还可以打趣助兴。因为有这一点爱的成分，谐含有几分警告规劝的意味，如柏格森所说的，凡是谐都是“谑而不虐”。

刘勰在《文心雕龙》里也说：“辞虽倾回，意归义正。”许多著名的讽刺家，像英国小说家斯威夫特（Swift）和巴特勒（Butler）一班人都是有心人。

第二，就谐趣情感本身说，它是美感的而也不尽是美感的。它是美感的，因为丑拙鄙陋乖讹在为谐的对象时，就是一种情趣饱和独立自足的意象。它不尽是美感的，因为谐的动机都是道德的或实用的，都是从道德的或实用的观点，看出人事物态的不圆满，因而表示惊奇和告诫。

第三，就谐笑者自己说，他所觉到的是快感而也不尽是快感。它是快感，因为丑拙鄙陋不仅打动一时乐趣，也是沉闷世界中一种解放束缚的力量。现实世界好比一池死水，可笑的事情好比偶然皱起的微波，谐笑就是对于这种微波的欣赏。不过可笑的事物究竟是丑拙鄙陋乖讹，是人生中一种缺陷，多少不免引起惋惜的情绪，所以同时伴有不快感。许多谐歌都以喜剧的外貌写悲剧的事情，例如徐州民歌：

乡里老，背稻草，跑上街，买荤菜。荤菜买多少？放在眼前找不到！

这是讥嘲呢？还是怜悯？读这种歌真不免令人“啼笑皆非”。我们可以说，凡是谐都有“啼笑皆非”的意味。

谐有这些模棱两可性，所以从古到今，都叫做“滑稽”。滑稽是一种盛酒器，酒从一边流出来，又向另一边转注进去，可以终日不竭，酒在“滑稽”里进出也是模棱两可的，所以“滑稽”喻“谐”非常恰当。

中西方诗中人伦比较

西诗以直率胜，
中诗以委婉胜；
西诗以深刻胜，
中诗以微妙胜；
西诗以铺陈胜，
中诗以简隽胜。

西方关于人伦的诗大半以恋爱为中心。中国诗言爱情的虽然很多，但是没有让爱情把其他人伦抹煞。朋友的交情和君臣的恩谊在西方诗中不甚重要，而在中国诗中则几与爱情占同等位置。把屈原、杜甫、陆游诸人的忠君爱国爱民的情感拿去，他们诗的精华便已剥丧大半。从前注诗注词的人往往在爱情诗上贴上忠君爱国的徽帜，例如毛苌注《诗经》把许多男女相悦的诗看成讽刺时事的。张惠言说温飞卿的《菩萨蛮》十四章为“感力相遇之作”。这种办法固然有些牵强附会。近来人却又另走极端把真正忠君爱国的诗也贴上爱情的徽帜，例如《离骚》《远游》一类的著作竟有人认为是爱情诗。我以为这也未免失之牵强附会。看过西方诗的学者见到爱情在西方诗中那样重要，以为它在中国诗中也应该很重要。他们不知道中西社会情形和伦理思想本来不同，恋爱在从前的中国实在没有现代中国人所想的那样重要。中国叙人伦的诗，通盘计算，关于友朋交谊的比关于男女恋爱的还要多，在许多诗人的集中，赠答酬唱的作品，往往占其大半。苏李、建安七子、李杜、韩孟、苏黄、纳兰成德与顾贞观诸人的交谊古今传为美谈，在西方诗人中为哥德和席勒，华滋华斯与柯勒律治，济慈和雪莱，魏尔伦与冉波诸人虽亦以交谊著称，而他们的集中叙友朋乐趣的诗却极少。

恋爱在中国诗中不如在西方诗中重要，有几层原因。第一，西方社会表面上虽以国家为基础，骨子里却侧重个人主义。爱情在个人生命中最关痛痒，所以尽量发展，以至掩盖其他人与人的关系。说尽一个诗人的恋爱史往往就已说尽他的生命史，在近代尤其如此。中国社会表面上虽以家庭为基础，骨子里却侧重兼善主义。文人往往费大半生的光阴于仕宦羁旅，“老妻寄异县”是常事。他们朝夕所接触的不是妇女而是同僚与文字友。

第二，西方受中世纪骑士风的影响，女子地位较高，教育也比较完善，在学问和情趣上往往可以与男子欣合，在中国得于友朋的乐趣，在西方往往可以得之于妇人女子。中国受儒家思想的影响，女子的地位较低。夫妇恩爱常起于伦理观念，在实际上志同道合的乐趣颇不易得。加以中国社会理想侧重功名事业，“随着四婆裙”在儒家看是一件耻事。

第三，东西恋爱观相差也甚远。西方人重视恋爱，有“恋爱最上”的标语。中国人重视婚姻而轻视恋爱，真正的恋爱往往见于“桑间濮上”。潦倒无聊、悲观厌世的人才肯公然寄情于声色，像隋炀帝、李后主几位风流天子都为世所垢病。我们可以说，西方诗人要在恋爱中实现人生，中国诗人往往只求在恋爱中消遣人生。中国诗人脚踏实地，爱情只是爱情；西方诗人比较能高瞻远瞩，爱情之中都有几分人生哲学和宗教情操。

这并非说中国诗人不能深于情。西方爱情诗大半写于婚媾之前，所以称赞容貌诉申爱慕者最多；中国爱情诗大半写于婚媾之后，所以最佳者往往是惜别悼亡。西方爱情诗最长于“慕”，莎士比亚的十四行体诗，雪莱和白朗宁诸人的短诗是“慕”的胜境；中国爱情诗最善于“怨”，《卷耳》《柏舟》《迢迢牵牛星》，曹丕的《燕歌行》，梁玄帝的《荡妇秋思赋》以及李白的《长相思》《怨情》《春思》诸作是“怨”的胜境。总观全体，我们可以说，西诗以直率胜，中诗以委婉胜；西诗以深刻胜，中诗以微妙胜；西诗以铺陈胜，中诗以简隽胜。

酒入愁肠愁更愁

渊明像一切其他大诗人一样，
有任何力量不能剥夺的自由，
在这“樊笼”以外，
发现一个“天空任鸟飞”的宇宙。

渊明诗篇篇有酒，这是尽人皆知的，像许多有酒癖者一样，他要借酒压住心头极端的苦闷，忘去世间种种不称心的事。他尝说：“常恐大化尽，气力不及衰，拨置且莫念，一觞聊可挥”“泛此忘忧物，远我遗世情”“数斟已复醉，不觉知有我，安知物为贵”“天运苟如此，且进杯中物”，酒对于他仿佛是一种武器，他拿在手里和命运挑战，后来它变成一种沉痼，不但使他“多谬误”，而且耽误了他的事业，妨害他的病体。从《荣木》诗里“志彼不舍（学业），安此日富（酒），我之怀矣，怛焉内疚”那几句话看，他有时颇自悔，所以曾有一度“止酒”。但是积习难除，到死还恨在世时“饮酒不得足”。渊明和许多有癖好的诗人们（例如阮籍、李白、波斯的奥马康颜之类）的这种态度，在近代人看来是“逃避”，我们不能拿近代人的观念去责备古人，但是“逃避”确是事实。逃避者自有苦心，让我们庆贺无须饮酒的人们的幸福，同时也同情于“君当恕醉人”那一个沉痛的呼声。

酒神的胜利
尼古拉斯 · 普桑
1635-1636

世间许多醉酒的人们终止于刘伶的放诞，渊明由冲突达到调和，并不由于饮酒。弥补这世间缺陷的有他的极丰富的精神生活，尤其是他的极深广的同情。我们一般人的通病是囿在一个极狭小的世界里活着，狭小到时间上只有现在，在空间上只有切身利益相关系的人与物；如果现在这些切身利害关系的人与物对付不顺意，我们就活活地被他们扼住颈项，动弹不得，除掉怨天尤人以外，别无解脱的路径。渊明像一切其他大诗人一样，有任何力量不能剥夺的自由，在这“樊笼”以外，发现一个“天空任鸟飞”的宇宙。第一是他打破了现在的界限而游心于千载，发现许多可“尚友”的古人。《咏贫士》诗中有两句话透漏此中消息：“何以慰吾怀，赖古多此贤。”

这就是说，他的清风亮节在当时虽无同调，过去有同调的人们正复不少，使他自慰“吾道不孤”。他好读书，就是为了这个缘故，他说“历览千载书，时时见遗烈”，而这些“遗烈”可以使他感发兴起。他的诗文不断地提到他所景仰的古人，《述酒》与《扇画赞》把他们排起队伍来，向他们馨香祷祝，更可以见出他的志向。这队伍里不外两种人，一是固穷守节的隐士，如荷篆丈人、长沮、桀溺、张长公、薛孟尝、袁安之类；一是亡国大夫积极或消极地抵抗新朝，替故主复仇的，如伯夷、叔齐、荆轲、韩非、张良之类，这些人们和他自己在身世和心迹上多少相类似。

在这里我们不妨趁便略谈渊明带有侠气、存心为晋报仇的看法。渊明侠气则有之，存心报仇似未必，他不是一个行动家，原来为贫而仕，未尝有杜甫的“致君尧舜上，再使风俗淳”那种近于夸诞的愿望，后来解组归田，终身不仕，一半固由于不肯降志辱身，一半也由于他惯尝了“樊笼”的滋味，要“返自然”，庶几落得一个清闲。他厌恶刘宋是事实，不过他无力推翻已成之局，他也很明白。所以他一方面消极地不合作，一方面寄怀荆轲、张良等“遗烈”，所谓“刑天舞干戚”，虽无补于事，而“猛志固常在”。渊明的心迹不过如此，我们不必妄为捕风捉影之谈。

做诗者多，识诗者少

我相信文学到了最高境界都必定是诗，
而且相信生命如果未至末日，
诗也就不会至末日。

我讲授过多年的诗，当过短期的文艺刊物的编辑，所以常有机会读到青年朋友们的作品。这些作品中分量最多的是新诗，一般青年作家似乎特别欢喜做新诗。原因大概不外几种：第一，有些人以为新诗容易做，既无格律拘束，又无长短限制，一阵心血来潮，让情感“自然流露”，就可以凑成一首。其次，也有一些人是受风气的影响，以为诗在文学中有长久的崇高的地位，从事于文学总得要做诗，而且徐志摩、冰心、老舍许多人都在做新诗。诗是否容易做，我没有亲切的经验，不过据我研究中外大诗人的作品所得的印象来说，诗是最精妙的观感表现于最精妙的语言，这两种精妙都绝对不容易得来的，就是大诗人也往往须费毕生的辛苦来摸索。做诗者多，识诗者少。心中存着一分“诗容易做”的幻想，对于诗就根本无缘，做来做去，只终身做门外汉。再其次，学文学是否必须做诗，在我看，也是一个问题。我相信文学到了最高境界都必定是诗，而且相信生命如果未至末日，诗也就不会至末日。不过我也相信每一时代的文学有每一时代的较为正常的表现方式。比如说，荷马生在今日也许不写史诗，陀斯妥耶夫斯基生在古代也许不写小说。在我们的时代，文学的最正常的表现的方式似乎是散文、小说而不是诗。这也并不是我个人的意见，西方批评家也有这样想的。许多青年白费许多可贵的精力去做新诗，幼稚的情感发泄完了，才华也就尽了。在我个人看，这种浪费实在很可惜。他们如果脚踏实地练习散文、小说，成就也许会好些。这话自然不是劝一切人都莫做诗，诗还是要有人做，只是做诗的人应该真正感觉到自己所感所想的非诗的方式决不能表现。如果用诗的方式表现的用散文也还可以表现，甚至于可以表现得更好，那么，诗就失去它的“生存理由”了。我读过许多新诗，我很深切地感觉到大部分新诗根本没有“生存理由”。

诗的“生存理由”是文艺上内容和形式的不可分性。每一首诗，犹如任何一件艺术品，都是一个有血有肉的灵魂，血肉需要灵魂才现出它的活跃，灵魂也需要血肉才具体可捉摸。假如拿形式比血肉而内容比灵魂，叫做“诗”的那种血肉是否有一种特殊的灵魂呢？这问题不像它现在表面的那么容易。就粗略的迹象说，许多形式相同的诗而内容则千差万别。多少诗人用过五古、七律或商籁？可是同一体裁所表现的内容不但甲诗人与乙诗人不同，即同一诗人的作品也每首自具一个性。就内在的声音节奏说，外形尽管同是七律或商籁，而每首七律或商籁读起来的声调，却随语言的情味意义而有种种变化，形成它的特殊的音乐性。这两个貌似相反的事实告诉我们的不是内容与形式无关，而是一般人把七律、商籁那些空壳看成诗的形式是一种根本的错误。每一首诗有每一首诗的特殊形式，而这特殊形式，是叫做七律、商籁那些模型得着当前的情趣贯注而具生命的那种声音节奏；正犹如每个人有每个人的特殊面貌，而这特殊面貌是叫做口鼻耳目那些共同模型得到本人的性格点化而具个

诗人阿克那里翁与酒神和爱神在一起
让 - 莱昂 · 杰罗姆
1848

性的那种神情风采。一首诗有凡诗的共同性，有它所特有的个性，共同性为七律、商籁之类模型，个性为特殊情趣所表现的声音节奏。这两个成分合起来才是一首诗的形式，很显然的两成分之中最重要的不是共同性而是个性。

七律、商籁之类躯壳虽不能算是某一诗的真正形式，而许多诗是用这些模型铸就的却是事实。这些模型是每民族经过悠久历史所造成的，每个民族都出诸本能地或出诸理智地感觉到叫做“诗”的那一种文学需要经过这些模型铸就。这根深蒂固的传统有没有它的理由呢？这问题实在就是：散文之外何以要有诗？依我想，理由还是在内容与形式的不可分性。七律、商籁之类模型的功用在节奏的规律化，或则说，语言的音乐化。情感的最直接的表现是声音节奏，而文字意义反在其次。文字意义所不能表现的情调常可以用声音节奏表现出来。诗和散文如果有分别，那分别就基于这个事实。散文叙述事理，大体上借助于文字意义已经很够；它自然也有它的声音节奏，但是无须规律化或音乐化，散文到现出规律化或音乐化时，它的情趣的成分就逐渐超出理智的成分，这就是说，它逐渐侵入诗的领域。诗咏叹情趣，大体上单靠文字意义不够，必须从声音节奏上表现出来。诗要尽量地利用音乐性来补文字意义的不足，七律、商籁之类模型是发挥文字音乐性的一种工具。这话怎样讲呢？拿诗和散文来比，我们就会见出这个道理。散文没有固定模型做基础，音节变来变去还只是“散”；诗有固定模型做基础，从整齐中求变化，从束缚中求自由，变化的方式于是层出不穷。这话乍听起来似牵强，但是细心比较过诗和散文的音乐性者都会明白这道理是真确的，诗的音乐性实在比散文的丰富繁复，正犹如乐音比自然中的杂音较丰富繁复是一个道理。乐音的固定模型非常简单——八个音阶。但这八个音阶高低起伏与纵横错综所生的变化是多么繁复！诗人利用七律、商籁之类模型来传出情趣所有的声音节奏，正犹如一个音乐家利用八音阶来谱成交响曲。

新诗比旧诗难做，原因就在旧诗有“七律”“五古”“浪淘沙”之类固定模型可利用，一首不甚高明的旧诗纵然没有它所应有的个性，却仍有凡诗的共同性，仍有一个音节的架子，读起来还是很顺口；新诗的固定模型还未成立，而一般新诗作者在技巧上缺乏训练，又不能使每一首诗现出很显著的音节上的个性，结果是散漫芜杂，毫无形式可言。把形式作模型加个性来解释，形式可以说就是诗的灵魂，做一首诗实在就是赋予一个形式与情趣，“没有形式的诗”实在是一个自相矛盾的名词。许多新诗人的失败都在不能创造形式，换句话说，不能把握住他所想表现的情趣所应有的声音节奏，这就不啻说他不能做诗。

文学的修养

你过的生活愈丰富，
对于人性的了解愈深广，
你的作品自然愈有真实性，
不致如雾里看花。

在文学方面，修养包含极广，举其大要，约有三端：

第一是人品的修养。人品与文品的关系是美学家争辩最烈的问题，我们在这里只能说一个梗概。从一方面说，人品与文品似无必然的关系。魏文帝早已说过：“古今文人类不护细行。”刘彦和在《文心雕龙·程器》篇里一口气就数了一二十个没有品行的文人，齐梁以后有许多更显著的例，像冯延巳、严嵩、阮大铖之流还不在内。在克罗齐派美学家看，这也并不足为奇。艺术的活动出于直觉，道德的活动出于意志；一为超实用的，一为实用的，二者实不相谋。因此，一个人在道德上的成就不能裨益也不能妨害他在艺术上的成就，批评家也不应从他的生平事迹推论他的艺术的人格。

但是从另一方面说，言为心声，文如其人。思想情感为文艺的渊源，性情品格又为思想情感的型范，思想情感真纯则文艺华实相称，性情品格深厚则思想情感亦自真纯。“仁者之言霭如”，“诐辞知其所蔽”。屈原的忠贞耿介，陶潜的冲虚高远，李白的徜徉自恣，杜甫的每饭不忘君国，都表现在他们的作品里面。他们之所以伟大，就因为他们的一篇一什都不仅为某一时会即景生情偶然兴到的成就，而是整个人格的表现。不了解他们的人格，就决不能彻底了解他们的文艺。从这个观点看，培养文品在基础上下功夫就必须培养人品。这是中国先儒的一致主张，“文以载道”说也就是从这个看法出来的。

人是有机体，直觉与意志，艺术的活动与道德的活动恐怕都不能像克罗齐分得那样清楚。古今尽管有人品很卑鄙而文艺却很优越的，究竟是占少数，我们可以用心理学上的“双重人格”去解释。在甲重人格（日常的）中一个人尽管不矜细行，在乙重人格（文艺的）中他却谨严真诚。这种双重人格究竟是一种变态，如论常例，文品表现人品是千真万确的事实。所以一个人如果想在文艺上有真正伟大的成就，他必须有道德的修养。我们并非鼓励他去做狭隘的古板的道学家，我们也并不主张一切文学家在品格上都走一条路。文品需要努力创造，各有独到，人品亦如此，一个文学家必须有真挚的性情和高远的胸襟，但是每个人的性情中可以特有一种天地，每个人的胸襟中可以特有一副丘壑，不必强同而且也决不能强同。

其次是一般学识经验的修养。文艺不单是作者人格的表现，也是一般人生世相的返照。培养人格是一套功夫，对于一般人生世相积蓄丰富而正确的学识经验又另是一套功夫。这可以分两层说。一是读书。从前中国文人以能熔经铸史为贵，韩愈在《进学解》里发挥这个意思，最为详尽。读书的功用在储知蓄理，扩充眼界，改变气质。读的范围愈广，知识愈丰富，审辨愈精当，胸襟也愈恢阔。在近代，一个文人不但要博习本国古典，还要涉猎近代各科学问，否则见解难免偏蔽。这事固然很难。我们第一要精选，不浪费精力于无用之书；第二要持恒，日积月累，涓消终可成江河；第三要有哲学的高瞻远瞩，科学的客观剖析，否则食而不化，学问反足以梏没性灵。其次是实地观察体验。这对于文艺创作或比读书还更重要。从前中国文人喜游名山大川，一则增长阅历，一则吸纳自然界瑰奇壮丽之气与幽深玄渺之趣。其实这种“气”与“趣”不只在自然中可以见出，在一般人生世相中也可得到。许多著名的悲喜剧与近代小说所表现的精神气魄正不让于名山大川。观察体验的最大的功用还不仅在此，尤其在洞达人情物理。文学超现实而却不能离现实，它所创造的世界尽管有时是理想的，却不能不有现实世界的真实性。近代写实主义者主张文学须有“凭证”，就因为这个道理。你想写某一种社会或某一种人物，你必须对于那种社会那种人物的外在生活与内心生活都有彻底的了解，这非多观察多体验不可。要观察得正确，体验得深刻，你最好投身他们中间，和他们过同样的生活。你过的生活愈丰富，对于人性的了解愈深广，你的作品自然愈有真实性，不致如雾里看花。

第三是文学本身的修养。“工欲善其事，必先利其器”。文学的器具是语言文字。我们第一须认识语言文字，其次须有运用语言文字的技巧。这事看来似很容易，因为一般人日常都在运用语言文字；但是实在极难，因为文学要用平常的语言文字产生不平常的效果。文学家对于语言文字的了解必须比一般人都较精确，然后可以运用自如。他必须懂得字的形声义，字的组织以及音义与组织对于读者所生的影响。这要包含语文学、逻辑学、文法、美学和心理学各科知识。从前人做文言文很重视小学（即语文学），就已看出工具的重要。我们现在做语体文比做文言文更难。一则语言文字有它的历史渊源，我们不能因为做语体文而不研究文言文所用的语文，同时又要特别研究流行的语文；一则文言文所需要的语文知识有许多专书可供给，流行的语文的研究还在草创，大半还靠作者自己努力去摸索。在现代中国，一个人想做出第一流文学作品，别的条件不用说，单说语文研究一项，他必须有深厚的修养，他必须达到有话都可说出而且说得好的程度。

运用语言文字的技巧一半根据对于语言文字的认识，一半也要靠虚心模仿前人的范作。文艺必止于创造，却必始于模仿，模仿就是学习。最简捷的办法是精选模范文百篇左右（能多固好；不能多，百篇就很够），细心研究每篇的命意布局分段造句和用字，务求透懂，不放过一字一句，然后把它熟读成诵，玩味其中声音节奏与神理气韵，使它不但沉到心灵里去，还须沉到筋肉里去。这一步做到了，再拿这些模范来模仿（从前人所谓“拟”），模仿可以由有意的渐变为无意的。习惯就成了自然。入手不妨尝试各种不同的风格，再在最合宜于自己的风格上多下功夫，然后融合各家风格的长处，成就一种自己独创的风格。从前做古文的人大半经过这种训练，依我想，做语体文也不能有一个更好的学习方法。

以上谈文学修养，仅就其大者略举几端，并非说这就尽了文学修养的能事。我们只要想一想这几点所需要的功夫，就知道文学并非易事，不是全靠天才所能成功的。

活的趣味在于发现新境界

生生不息的趣味才是活的趣味，
像死水一般静止的趣味必定陈腐。
活的趣味时时刻刻在发现新境界，
死的趣味老是囿在一个窄狭的圈子里。

孔子有言:“知之者不如好之者，好之者不如乐之者”，仿佛以为知、好、乐是三层事，一层深一层；其实在文艺方面，第一难关是知，能知就能好，能好就能乐。知、好、乐三种心理活动融为一体，就是欣赏，而欣赏所凭的就是趣味。许多人在文艺趣味上有欠缺，大半由于在知上有欠缺。

有些人根本不知，当然不会感到趣味，看到任何好的作品都如蠢牛听琴，不起作用。这是精神上的残废。犯这种毛病的人失去大部分生命的意味。

有些人知得不正确，于是趣味低劣，缺乏鉴别力，只以需要刺激或麻醉，取恶劣作品疗饥过瘾，以为这就是欣赏文学。这是精神上的中毒，可以使整个的精神受腐化。

有些人知得不周全，趣味就难免窄狭，像上文所说的，被囿于某一派别的传统习尚，不能自拔。这是精神上的短视，“坐井观天，诬天渺小”。

要诊治这三种流行的毛病，唯一的方剂是扩大眼界，加深知解。一切价值都由比较得来，生长在平原，你说一个小山坡最高，你可以受原谅，但是你错误。“登东山而小鲁，登泰山而小天下”，那“天下”也只是孔子所能见到的天下。要把山估计得准确，你必须把世界名山都游历过，测量过。研究文学也是如此，你玩索的作品愈多，种类愈复杂，风格愈纷歧，你的比较资料愈丰富，透视愈正确，你的鉴别力（这就是趣味）也就愈可靠。

人类心理都有几分惰性，常以先入为主，想获得一种新趣味，往往须战胜一种很顽强的抵抗力。许多旧文学家不能欣赏新文学作品，就因为这个道理。就我个人的经验来说，起初习文言文，后来改习语体文，颇费过一番冲突与挣扎。在才置信语体文时，对文言文颇有些反感，后来多经摸索，觉得文言文仍有它的不可磨灭的价值。专就学文言文说，我起初学桐城派古文，跟着古文家们骂六朝文的绮靡，后来稍致力于六朝人的著作，才觉得六朝文也有为唐宋文所不可及处。在诗方面我从唐诗入手，觉宋诗索然无味，后来读宋人作品较多，才发现宋诗也特有一种风味。我学外国文学的经验也大致相同，往往从笃嗜甲派不了解乙派，到了解乙派而对甲派重新估定价值。我因而想到培养文学趣味好比开疆辟土，须逐渐把本来非我所有的征服为我所有。英国诗人华兹华斯说道：“一个诗人不仅要创造作品，还要创造能欣赏那种作品的趣味。”我想不仅作者如此，读者也须时常创造他的趣味。生生不息的趣味才是活的趣味，像死水一般静止的趣味必定陈腐。活的趣味时时刻刻在发现新境界，死的趣味老是囿在一个窄狭的圈子里。这道理可以适用于个人的文学修养，也可以适用于全民族的文学演进史。

心口如一，不能说谎

文学不是说谎的工具，
你纵想说谎也无从说。
“言为心声”，
旁人听到你的话就会窥透你的心曲，
无论你的话是真是假。

练习写作有一个最重要的原则须牢记在心的，就是有话必说，无话不说，说须心口如一，不能说谎。文学本来是以语文为工具的表现艺术。心里有东西要表现，才拿语文来表现。如果心里要表现的与语文所表现的不完全相同，那就根本失去表现的功用。所谓“不完全相同”可以有两个原因，一是作者的能力不够，一是他存心要说谎。如果是能力不够，他最好认清自己能力的限度，专写自己所能写的，如是他的能力自然逐渐增进。如果是存心说谎，那是入手就走错了路，他愈写就愈入迷，离文学愈远。许多人在文学上不能有成就，大半都误在入手就养成说谎的习惯。

所谓“说谎”，有两种含义。第一是心里那样想而口里不那样说。一个作家须有一个“我”在，须勇敢地维护他的“我”性。这事虽不容易，许多人有意或无意地在逢迎习俗，苟求欺世盗名，昧着良心去说话，其实这终究是会揭穿的。文学不是说谎的工具，你纵想说谎也无从说。“言为心声”，旁人听到你的话就会窥透你的心曲，无论你的话是真是假。《论语》载有几句逸诗：“唐棣之华，偏其反而；岂不尔思，室斯远而。”孔子一眼就看破这话的不诚实，他说：“未之思也，夫何远之有？”作者未尝不想人相信他“岂不尔思”，但是他心里“未之思”，语言就无从表现出“思”来。他在文学上失败，在说谎上也失败了。

其次，说谎是强不知以为知。你没有上过战场，却要描写战场的生活，没有仔细研究过一个守财奴的性格，却在一篇戏剧或小说中拿守财奴做主角，尽管你的想象如何丰富，你所写的一定缺乏文学作品所必具的真实性，人不能全知，也不能全无所知。一个聪明的作家须认清自己知解的限度，小心谨慎地把眼光注视着那限度以内的事物，看清楚了，才下笔去写。如果他想超过那限度以外去摸索，他与其在浪漫派作家所谓“想象”上做功夫，不如在写实派作家所谓“证据”上做功夫，这就是说，增加生活的经验，把那限度逐渐扩大。说来说去，想象也还是要利用实际经验。

记得不肯说谎这一个基本原则，每遇到可说的话，就要抓住机会，马上就写，要极力使写出来的和心里所想的恰相符合。习文有如习画，须常备一个速写簿带在身边，遇到一片风景，一个人物，或是一种动态，觉得它新鲜有趣，可以入画，就随时速写，写得不像，再细看摆在面前的模特儿，反复修改，务求其像而后已。这种功夫做久了之后，我们一可以养成爱好精确的习惯；二可以逐渐养成艺术家看事物的眼光，在日常生活中时时可发现值得表现的情境；三可以增进写作的技巧，逐渐使难写的成为易写。

文学是『裁剪的艺术』

与其用有限的力量于十件事上而不能
把任何一件事做得好，
不如以同样的力量集中在一件事上，
把它做得斩钉截铁。

文章的通病总不外两种，不知选择和不知安排。第一步是选择。斯蒂文森说，文学是“裁剪的艺术”。裁剪就是选择的消极方面。有选择就必有排弃，有割爱。在兴酣采烈时，我们往往觉得自己所想到的意思样样都好，尤其是费过苦心得来的，要把它一笔勾销，似未免可惜。所以割爱是大难事，它需要客观的冷静，尤其需要谨严的自我批评。不知选择大半由于思想的懒惰和虚荣心所生的错觉。遇到一个题目来，不肯朝深一层想，只浮光掠影地凑合一些实在是肤浅陈腐而自以为新奇的意思，就把它们和盘托出。我常看大学生的论文，把一个题目所有的话都一五一十地说出来，每一点都约略提及，可是没有一点说得透彻，甚至前后重复或自相矛盾。如果有几个人同做一个题目，说的话和那话说出来的形式都大半彼此相同，看起来只觉得“天下老鸦一般黑”。这种文章如何能说服读者或感动读者？这里我们可以再就用兵打比譬，用兵制胜的要诀在占领要塞，击破主力。要塞既下，主力既破，其余一切就望风披靡，不攻自下。古人所以有“射人先射马，擒贼先擒王”的说法。如果虚耗兵力于无战略性的地点，等到自己的实力消耗尽了，敌人的要塞和主力还屹然未动，那还能希望打什么胜仗？做文章不能切中要害，错误正与此相同。在艺术和在自然一样，最有效的方式常是最经济的方式，浪费不仅是亏损而且也是伤害。与其用有限的力量于十件事上而不能把任何一件事做得好，不如以同样的力量集中在一件事上，把它做得斩钉截铁。做文章也是如此。世间没有说得完的话，你想把它说完，只见得你愚蠢；你没有理由可说人人都说的话，除非你比旁人说得好，而这却不是把所有的话都说完所能办到的。每篇文章必有一个主旨，你须把着重点完全摆在这主旨上，在这上面鞭辟入里，烘染尽致，使你所写的事理情态成一个世界，突出于其他一切世界之上，像浮雕突出于石面一样。读者看到，马上就可以得到一个强有力的印象，不由得他不受说服和感动。这就是选择，这就是攻坚破锐。

我们最好拿戏剧、小说来说明选择的道理。戏剧和小说都描写人和事。人和事的错综关系向来极繁复，一个人和许多人有因缘，一件事和许多事有联络，如果把这种关系辗转追溯下去，可以推演到无穷。一部戏剧或小说只在这无穷的人事关系中割出一个片段来，使它成为一个独立自足的世界，许多在其他方面虽有关系而在所写的一方面无大关系的事事物物，都须斩断撇开。我们在谈劫生辰纲的梁山泊好汉，生辰纲所要送到的那个豪贵场合也许值得描写，而我们却不能去管。谁不想知道哈姆雷特在威登堡的留学生活，但是我们现在只谈他的家庭悲剧，时间和空间的限制都不许我们搬到威登堡去看一看。再就划定的小范围来说，一部小说或戏剧须取一个主要角色或主要故事做中心，其余的人物故事穿插，须能烘托这主角的性格或理清这主要故事的线索，适可而止，多插一个人或一件事就显得臃肿繁芜。再就一个角色或一个故事的细节来说，那是数不尽的，你必须有选择，而选择某一个细节，必须有它典型性，选了它其余无数细节就都可不言而喻。悭吝人到处悭吝，吴敬梓在《儒林外史》里写严监生只挑选他临死时看见油灯里有两茎灯芯不闭眼一事。《红楼梦》对于妙玉着笔墨最少，而她那一副既冷僻而又不忘情的心理却令我们一见不忘。刘姥姥吃过的茶杯她叫人掷去，却将自己用的绿玉斗斟茶给宝玉；宝玉做寿，众姊妹闹得欢天喜地，她一人枯坐参禅，却暗地递一张粉红笺的贺帖。寥寥数笔，把一个性格，一种情境，写得活灵活现。在这些地方多加玩索，我们就可悟出选择的道理。

不视，仰视，俯视，平视

我们心中有极切己的忧喜，
极不可为俗人言的秘密，
隐藏着是痛苦，
于是找知心的朋友去倾泻，
我们肯向一个人说心事话，
就看得起他这位朋友，
知道在他那方面可以得到一了解与同情。

艺术就是一种语言，语言有说者就必有听者，而说者之所以要说，就存心要得到人听。作者之于读者，正如说者之于听者，要话说得中听，眼睛不得不望着听众。说的目的本在于作者读者之中成立一种情感思想上的交流默契；这目的能否达到，就看作者之所给予是否为读者之所能接受或所愿接受。写作的成功与失败一方面固然要看所传达的情感思想本身的价值，一方面也要看传达技巧的好坏。传达技巧的好坏大半要靠作者对于读者所取的态度是否适宜。

这态度可以分为不视、仰视、俯视、平视四种。不视即目中无读者。这种态度可以产生最坏的作品，也可以产生最好的作品。一般空洞议论、陈腐讲章、枯燥叙述之类作品属于前一种。在这种作品中，作者向虚空说话，我们反复寻求，找不出主人的性格，嚼不出言语的滋味，得不着一点心灵默契的乐趣。他看不见我们，我们也看不见他，我们对面的只是一个空心大老倌！他不但目中无读者，根本就无目可视。碰到这种作者，是读者的厄运。另有一种作品，作者尽管不挺身现在我们面前，他尽管目中不像看见有我们存在，只像在自言自语，而却不失其为最上乘作品。莎士比亚是最显著的例。他写戏剧，固然仍是眼睛望着当时戏院顾主，可是在他的剧本中，我们只看见形形色色的人物活现在眼前，而不容易抓住莎士比亚自己。他的嬉笑怒骂像是从虚空来的，也是像朝虚空发的。他似无意要专向某一时代、某一国籍或某一类型的人说话，而任何时代、任何国籍、任何类型的读者都可以在他的作品中各见到一种天地，尝到一种滋味。他能使雅俗共赏，他的深广伟大也就在此。像他这一类作者，我们与其说他们不现某一片面的性格，毋宁说他们有多方的丰富的性格；与其说他们“不视”，不如说他们“普视”。他们在看我们每一个人，我们却不容易看见他们。

普视是最难的事。如果没有深广的心灵，光辉不能四达，普视就流于不视。普视是不朽者所特有的本领，我们凡人须择一个固定的观点，取一个容易捉摸的态度。文书吏办公文,常分“下行上”“上行下”“平行”三种。作者对于读者也可以取三种态度，或仰视，或俯视，或平视。仰视如上奏疏，俯视如颁诏谕，平视则如亲友通信叙家常，道衷曲。曾国藩在《经史百家杂钞》的序例里仿佛曾经指出同样的分别。我们所指的倒不限于在选本上所常分开的这几种体类，而是写任何体类作品时作者对于读者所存的态度。作者视读者或是比自己高一层,或是比自己低一层，或是和自己平行，这几种态度各有适合的时机，也各随作者艺术本领而见成败，我们不能抽象地概括地对于某一种有所偏袒。犹太人的《旧约》是最好的例证。《颂诗》颂扬上帝，祷祝上帝，捧着一片虔敬的丹心，向神明呈献，是取仰视的态度。《先知书》是先知者对于民众的预言和谆谆告诫，是取俯视的态度。其他叙述史事诸书只像一个人向他的同胞谈论往事，是取平视的态度。它们在文艺上各臻胜境。仰视必有尊敬的心情，俯视必有爱护的心情，平视必有亲密的心情，出乎至诚，都能感动。

在仰视、俯视、平视之中，我比较赞成平视。仰视难免阿谀逢迎。一个作者存心取悦于读者，本是他的分内事，不过他有他的身份和艺术的良心，如果他将就读者的错误的见解、低级的趣味，以佞嬖俳优的身份打诨呐喊，猎取世俗的炫耀，仰视就成为对于艺术的侮辱。一个作者存心开导读者，也本是他的分内事，不过他不能有骄矜气，如果他把自己高举在讲台上，把台下人都看成蒙昧无知，盛气凌人地呵责他们，讥笑他们，教训他们，像教蒙童似的解释这样那样，俯视就成为对于读者的侮辱。世间人一半欢喜人捧，另一半欢喜人踩，所以这两种态度常很容易获得世俗上的成功。但是从艺术观点看，我们对这种仰视与俯视都必须深恶痛疾。因此，我不欢喜 xxx 先生（让问心有愧的作者们填进他们自己的姓名），也不欢喜萧伯纳。

我赞成平视，因为这是人与人中间所应有的友谊的态度。“酒逢知己饮，诗向会人吟”。我们心中有极切己的忧喜，极不可为俗人言的秘密，隐藏着是痛苦，于是找知心的朋友去倾泻，我们肯向一个人说心事话，就看得起他这位朋友，知道在他那方面可以得到了解与同情。文艺所要表现的正是这种不得不言而又不易为俗人言的秘密。你拿它向读者吐露时，就已经假定他是可言的契友。你拿哀乐和他分享，你同情他，而且也希望得到同情的回报。你这种假定，这种希望，是根据“人同此心，心同此理”这个基本原则。你传达你的情感思想，是要在许多“同此心”的人们中取得“同此理”的印证。这印证有如回响震荡，产生了读者的喜悦，也增加了作者的喜悦。这种心灵感通之中不容有骄矜，也不容有虚伪的谦逊，彼此须平面相视，赤心相对，不装腔作势，也不吞吐含混，这样人与人可以结成真挚的友谊，作者与读者也可以成立最理想的默契。凡是第一流作家，从古代史诗悲剧作者到近代小说家，从庄周、屈原、杜甫到施耐庵、曹雪芹，对于他们的读者大半都持这种平易近人的态度。我们读他们的作品，虽然觉得他们高出我们不知若干倍，同时也觉得他们诚恳亲切，听得见他们的声音，窥得透他们的心曲，使我们很快乐地发现我们的渺小的心灵和伟大的心灵也有共通之点。“尚友古人”的乐趣就在此。

谈读诗与趣味的培养

艺术和欣赏艺术的趣味都必须有创造性，
都必时时刻刻在开发新境界，
如果让你的趣味囿在一个狭小圈套里，
它无机会可创造开发，
自然会僵死，会腐化。

据我的教书经验来说，一般青年都欢喜听故事而不欢喜读诗。记得从前在中学里教英文，讲一篇小说时常有别班的学生来旁听，但是遇着讲诗时，旁听者总是瞟着机会逃出去。就出版界的消息看，诗是一种滞销货。一部大致不差的小说就可以卖钱，印出来之后一年中可以再版三版。但是一部诗集尽管很好，要印行时须得诗人自己掏腰包作印刷费，过了多少年之后，藏书家如果要买它的第一版，也用不着费高价。

从此一点，我们可以看出现在一般青年对于文学的趣味还是很低。在欧洲各国，小说固然也比诗畅销，但是没有在中国的这样大的悬殊，并且有时诗的畅销更甚于小说。据去年的统计，法国最畅销的书是波德莱尔的《罪恶之花》。这是一部诗，而且并不是容易懂的诗。

一个人不欢喜诗，何以文学趣味就低下呢？因为一切纯文学都要有诗的特质。一部好小说或是一部好戏剧都要当作一首诗看。诗比别类文学较谨严，较纯粹，较精致。如果对于诗没有兴趣，对于小说戏剧散文学等等的佳妙处也终不免有些隔膜。不爱好诗而爱好小说戏剧的人们大半在小说和戏剧中只能见到最粗浅的一部分，就是故事。所以他们看小说和戏剧，不问他们的艺术技巧，只求它们里面有有趣的故事。他们最爱读的小说不是描写内心生活或者社会真相的作品，而是《福尔摩斯侦探案》之类的东西。爱好故事本来不是一件坏事，但是如果要真能欣赏文学，我们一定要超过原始的童稚的好奇心，要超过对于《福尔摩斯侦探案》的爱好，去求艺术家对于人生的深刻的观照以及他们传达这种观照的技巧。第一流小说家不尽是会讲故事的人，第一流小说中的故事大半只像枯树搭成的花架，用处只在撑扶住一园锦绣灿烂生气蓬勃的葛藤花卉。这些故事以外的东西就是小说中的诗。读小说只见到故事而没有见到它的诗，就像看到花架而忘记架上的花。要养成纯正的文学趣味，我们最好从读诗入手。能欣赏诗，自然能欣赏小说戏剧及其他种类文学。

如果只就故事说，陈鸿的《长恨歌传》未必不如白居易的《长恨歌》或洪昇的《长生殿》，元稹的《会真记》未必不如王实甫的《西厢记》，兰姆（Lamb）的《莎士比亚故事集》未必不如莎士比亚的剧本。但是就文学价值说，《长恨歌》《西厢记》和莎士比亚的剧本都远非它们所根据的或脱胎的散文故事所可比拟。我们读诗，须在《长恨歌》《西厢记》和莎士比亚的剧本之中寻出《长恨歌传》《会真记》和《莎士比亚故事集》之中所寻不出来的东西。举一个很简单的例来说，比如贾岛的《寻隐者不遇》：

松下问童子，言师采药去。只在此山中，云深不知处。

或是崔颜的《长干行》：

君家何处住？妾住在横塘。停舟暂借问，或恐是同乡。

里面也都有故事，但是这两段故事多么简单平凡？两首诗之所以为诗，并不在这两个故事，而在故事后面的情趣，以及抓住这种简朴而隽永的情趣，用一种恰如其分的简朴而隽永的语言表现出来的艺术本领。这两段故事你和我都会说，这两首诗却非你和我所做得出，虽然从表面看起来，它们是那么容易。读诗就要从此种看来虽似容易而实在不容易做出的地方下工夫，就要学会了解此种地方的佳妙。对于这种佳妙的了解和爱好就是所谓“趣味”。

各人的天资不同，有些人生来对于诗就感觉到趣味，有些人生来对于诗就丝毫不感觉到趣味，也有些人只对于某一种诗才感觉到趣味。但是趣味是可以培养的。真正的文学教育不在读过多少书和知道一些文学上的理论和史实，而在培养出纯正的趣味。这件事实在不很容易。培养趣味好比开疆辟土，须逐渐把本非我所有的变为我所有的。记得我第一次读外国诗，所读的是《古舟子咏》，简直不明白那位老船夫因射杀海鸟而受天谴的故事有什么好处，现在回想起来，这种蒙昧真是可笑，但是在当时我实在不觉到这诗有趣味。后来明白作者在意象、音调和奇思幻想上所做的工夫，才觉得这真是一首可爱的杰作。这一点觉悟对于我便是一层进益，而我对于这首诗所觉到的趣味也就是我所征服的新领土。我学西方诗是从十九世纪浪漫派诗人入手，从前只觉得这派诗有趣味，讨厌前一个时期的假古典派的作品，不了解法国象征派和现代英国的诗，对它们逐渐感到趣味，又觉得我从前所爱好的浪漫派诗有好些毛病，对于它们的爱好不免淡薄了许多。我又回头看看假古典派的作品，逐渐明白作者的环境立场和用意，觉得它们也有不可抹杀处，对于他们的嫌恶也不免减少了许多。在这种变迁中我又征服了许多新领土，对于已得的领土也比从前认识较清楚。对于中国诗我也经过了同样的变迁。最初我由爱好唐诗而看轻宋诗，后来我又由爱好魏晋诗而看轻唐诗。现在觉得各朝诗都各有特点，我们不能以衡量魏晋诗的标准去衡量唐诗和宋诗。

拾穗者
[法]米勒
1857
巴黎奥赛博物馆

它们代表几种不同的趣味，我们不必强其同。

对于某一种诗，从不能欣赏到能欣赏，是一种新收获。从偏嗜到和他种诗参观互较而重新加以公平的估价，是对于已征服的领土筑了一层更坚固的壁垒。学文学的人们的最坏的脾气是坐井观天，依傍一家门户，对于口味不合的作品一概藐视。这种人不但是近视，在趣味方面不能有进展。就连他们自己所偏嗜的也很难真正地了解欣赏，因为他们缺乏比较资料和真确观照所应有的透视距离。文艺上的纯正的趣味必定是广博的趣味，不能同时欣赏许多派别诗的佳妙，就不能充分地真确地欣赏任何一派诗的佳妙。趣味很少生来就广博，将比开疆辟土，要不厌弃荒原瘠壤，一分一寸地逐渐向外伸张。

趣味是对于生命的彻悟和留恋，生命时时刻刻都在进展和创化，趣味也就要时时刻刻在进展和创化。水停蓄不流便腐化，趣味也是如此。从前私塾冬烘学究以为天下之美尽在八股文、试帖、《古文观止》和了凡(纲鉴)。他们对于这些乌烟瘴气何尝不津津有味？这算是文学的趣味么？习惯的势力之大往往不是我们能想象的。我们每个人多少都有几分冬烘学究气，都把自己囿在习惯所画成的狭小圈套中，对于这个圈套以外的世界都视而不见，听而不闻。沉溺于风花雪月者以为只有风花雪月中才有诗，沉溺于爱情者以为只有爱情中才有诗，沉溺于阶级意识者以为只有阶级意识中才有诗。风花雪月本来都是好东西，可是这四个字联在一起，引起多么俗滥的联想！联想到许多吟风弄月的滥调，多么令人作呕！“神圣的爱情”“伟大的阶级意识”之类大概也有一天都归于风花雪月之列吧？这些东西本来是佳丽，是神圣，是伟大，一旦变成冬烘学究所赞叹的对象，就不免成了八股文和试帖诗。道理是很简单的。艺术和欣赏艺术的趣味都必须有创造性，都必时时刻刻在开发新境界，如果让你的趣味囿在一个狭小圈套里，它无机会可创造开发，自然会僵死，会腐化。一种艺术变成僵死腐化的趣味的寄生之所，它怎能有进展开发？怎能不随之僵死腐化。

艺术和欣赏艺术的趣味都与滥调是死对头。但是每件东西都容易变成滥调，因为每件东西和你熟悉之后，都容易在你的心理上养成习惯反应。像一切其他艺术一样，诗要说的话都必定是新鲜的。但是世间哪里有许多新鲜话可说？有些人因此替诗危惧，以为关于风花雪月、爱情、阶级意识等等的话或都已被人说完，或将有被人说完的一日，那一日恐怕就是诗的末日了。抱这种顾虑的人们根本没有了解诗究竟是什么一回事。诗的疆土是开发不尽的，因为宇宙生命时时刻刻在变动进展中，这种变动进展的过程中每一时每一境都是个别的、新鲜的、有趣的。所谓

“诗”并无深文奥义，它只是在人生世相中见出某一点特别新鲜有趣而把它描绘出来。这句话中“见”字最吃紧。特别新鲜有趣的东西本来在那里，我们不容易“见”着，因为我们的习惯蒙蔽住我们的眼睛。我们如果沉溺于风花雪月，也就见不着阶级意识中的诗；我们如果沉溺于油盐柴米，也就见不着风花雪月中的诗。谁没有看见过在田里收获的农夫农妇？但是谁——除非是米勒（Millet），陶渊明、华兹华斯（Wordsworth）——在这中间见着新鲜有趣的诗？诗人的本领就在见出常人之所不能见，读诗的用处也就在随着诗人所指点的方向，见出我们所不能见，这就是说，觉得我们所素认为平凡的实在新鲜有趣。我们本来不觉得乡村生活中有诗，从读过陶渊明、华兹华斯诸人的作品之后，便觉得它有诗；我们本来不觉得城市生活和工商业文化之中有诗，从读过美国近代小说和俄国现代诗之后，便觉得它也有诗。莎士比亚教我们会在罪孽灾祸中见出庄严伟大，伦勃朗（Rambrandt）和罗丹（Rodin）教我们会在丑陋中见出新奇。诗人和艺术家的眼睛是点铁成金的眼睛。生命生生不息，他们的发见也生生不息。如果生命有末日，诗总会有末日。到了生命的末日，我们自无容顾虑到诗是否还存在。但是有生命而无诗的人虽未到诗的末日，实在是早已到生命的末日了，那真是一件最可悲哀的事。“哀莫大于心死”，所谓“心死”就是对于人生世相失去解悟和留恋，就是对于诗无兴趣。读诗的功用不仅在消愁遣闷，不仅是替有闲阶级添一件奢侈。它在使人到处都可以觉到人生世相新鲜有趣，到处可以吸收维持生命和推展生命的活力。

诗是培养趣味的最好的媒介，能欣赏诗的人们不但对于其他种种文学可有真确的了解，而且也决不会觉得人生是一件干枯的东西。

文学并不是一条直路通天边

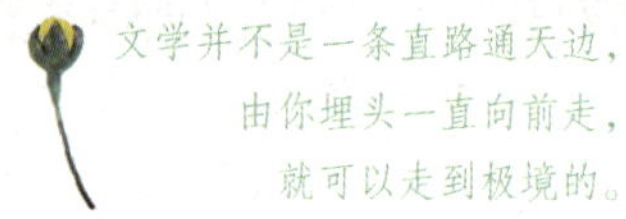

我生平有一种坏脾气，每到市场去闲逛，见一样就想买一样。无论是怎样无用的破铜破铁，只要我一时高兴它，就保留不住腰包里最后的一文钱。我做学问也是如此。今天丢开雪莱，去看守薰烟鼓测量反应动作，明天又丢开柏拉图，去在古罗马地道阴森曲折的坟窟中溯“哥特式”大教寺的起源。我已经整整地做过三十年的学生，这三十年的光阴都是这样东打一拳西踢一脚地过去了。

在现代社会制度和学问状况之下，百科全书式的学者已经没有存在的可能，一个人总得在许多同样有趣的路径之中选择一条出来走。这已经成为学术界中不成文的宪法，所以读书人初见面，都有一番寒暄套语，“您学哪一科？”“文科。”“哪一门？”“文学。”假如发问者也是学文学的，于是“哪一国文学？哪一方面？哪一时代？哪一个作者？”等问题就接着逼来了。我也屡次被人这样一层紧逼一层地盘问过，虽然也照例回答，心中总不免有几分羞意，我何尝专门研究文学？何况是哪一方面和哪一时代的文学呢？

在许多歧途中，我也碰上文学这条路，说来也颇堪一笑。我立志研究文学，完全由于字义的误解。我在幼时所接触的小知识阶级中，“研究文学”四个字只有两种流行的涵义：做过几首诗，发表几篇文章，甚至翻译过几篇伊索寓言或是安徒生童话，就算“研究文学”。其次随便哼哼诗念念文章，或是看看小说，也是“研究文学”。我幼时也欢喜哼哼诗，念念文章，自以为比做诗发表文章者固不敢望尘，若云哼诗念文即研究文学，则我亦何敢多让？这是我走上文学路的一个大原因。

谁知道区区字义的误解就误了我半世的光阴！到欧洲后见到西方“研究文学”者所做的工作以及他们所有的准备，才懂庄子海若望洋而叹的比喻，才知道“研究文学”这个玩艺儿并不像我原来所想象的那样简单，尤其不像我原来所想象的那样有趣。文学并不是一条直路通天边，由你埋头一直向前走，就可以走到极境的。“研究文学”也要绕许多弯路，也要做许多干燥辛苦的工作。学了英文还要学法文，学了法文还要学德文、希腊文、意大利文、印度文等等；时代的背景常把你拉到历史哲学和宗教的范围里去。文艺原理又逼你去问津图画、音乐、美学、心理学等等学问。这一场官司简直没有方法打得清！学科学的朋友们往往羡慕学文学者天天可以消闲自在地哼诗看小说是幸福，不像他们自己天天要埋头记干燥的公式，搜罗干燥的事实。其实我心里有苦说不出，早知道“研究文学”原来要这样东奔西窜，悔不如学得一件手艺，备将来自食其力。我现在还时时存着学做小儿玩具或编藤器的念头。学会做小儿玩具或编藤器，我还是可以照旧哼诗念文章，但是遇到一般人对于“研究文学”者“专门哪一方面？”式的问题就可以名正言顺地置之不理了。那是多么痛快的一大解脱！

我这番话并不是要唐突许多在外国大学中预备博士论文者，只是向国内一般青年自道甘苦。青年们免不掉像我一样有一个嗜好文艺的时期，在现代中国学风之中，也恐怕免不掉像我一样以哼诗念文章为“研究文学”。倘若他们再像我一样因误解字义而走上错路，自然也难免有一日要懊悔。文艺像历史哲学两种学问一样，有如金字塔，要铺下一个很宽广笨重的基础，才可以逐渐砌成一个尖顶出来。如果入手就想造成一个尖顶，结果只有倒塌。中国学者对于西方文艺思想和政教已有半世纪的接触了，而仍然是隔膜，不能不归咎于只想望尖顶而不肯顾到基础。在文艺、哲学、历史三种学问中，“专门”和“研究工作”种种好听的名词，在今日中国实在都还谈不到。

这番话只是一个已经失败者对于将来想成功者的警告。如果不死心蹋地做基础工作，哼哼诗念念文章可以，随便做做诗发表几篇文章也可以，只是不要去“研究文学”。像我费过二三十年工夫的人还要走回头来学编藤器做小儿玩具，你说冤枉不冤枉！

第五章

宁愿烦闷，不愿消沉

青年们常欢喜把社会一切毛病归咎于站在台上的人们，其实在台上的人们也还是受过同样的教育，经过同样的青年阶段，他们也曾同样地埋怨过前一辈子人。

觉悟，彻底地觉悟

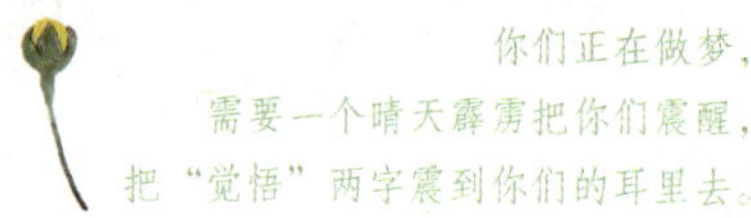

你们正在做梦，
需要一个晴天霹雳把你们震醒，
把“觉悟”两字震到你们的耳里去。

我在大学里教书，前后恰已十年，年年看见大批的学生进来，大批的学生出去。这大批学生中平庸的固居多数，英俊有为者亦复不少。我们辛辛苦苦地把一批又一批的学生训练出来，到毕业之后，他们变成什样的人，做出什样的事呢？他们大半被一个共同的命运注定。有官做官，无官教书。就了职业就困于职业，正当的工作消磨了二三分光阴，人事的应付消磨了七八分光阴。他们所学的原来就不很坚实，能力不够，自然做不出什么真正的事业来。时间和环境又不容许他们继续研究，不久他们原有的那一点浅薄学问也就逐渐荒疏，终身只在忙“糊口”。这样一来，他们的个人生命就平平凡凡地溜过去，国家的文化学术和一切事业也就无从发展。 还有一部分人因为生活的压迫和恶势力的引诱，由很可有为的青年腐化为土绅劣豪或贪官污吏，把原来读书人的一副面孔完全换过，为非作歹，恬不知耻，使社会上颓风恶习一天深似一天，教育的功用究竟在哪里呢？

想到这点，我感觉到很烦闷。就个人设想，像我这样教书的人把生命断送在粉笔屑中，眼巴巴地希望造就几个人才出来，得一点精神上的安慰，而年复一年地见到出学校门的学生们都朝一条平凡而暗淡的路径走，毫无补于文化的进展和社会的改善。这种生活有何意义？岂不是自误误人？其次，就国家民族的设想，在这严重的关头，性格已固定的一辈子人似已无大希望，可希望的只有少年英俊，国家耗费了许多人力和财力来培养成千成万的青年，也正是希望他们将来能担负国家民族的重任，而结果他们仍随着前一辈子人的覆辙走，前途岂不很暗淡？

青年们常欢喜把社会一切毛病归咎于站在台上的人们，其实在台上的人们也还是受过同样的教育，经过同样的青年阶段，他们也曾同样地埋怨过前一辈子人。由此类推，到我们这一辈子青年们上台时，很可能地仍为下一辈子青年们不满。今日有理想的青年到明日往往变成屈服于事实而抛弃理想的堕落者。章宗祥领导过留日青年，打过媚敌辱国的蔡钧，而这位章宗祥后来做了外交部长，签订了“二十一条”卖国条约。汪精卫投过炸弹，坐过牢，做过几十年的革命工作，而这位汪精卫现在做了敌人的傀儡，汉奸的领袖。许多青年们虽然没有走到这个极端，但投身社会之后，投降于恶势力的实比比皆是。这是一个很可伤心的现象。社会变来变去，而组成社会的人变相没有变质，社会就不会彻底地变好。这五六十年来我们天天在讲教育，教育对于人的质料似乎没有发生很好的影响。这一辈子人睁着眼睛蹈前一辈子人的覆辙，下一辈子人仍然睁着眼睛蹈这一辈子人的覆辙，如此循环辗转，一报还一报，“长夜漫漫何时旦”呢？

社会所属望最殷的青年们，这事实和问题是值得郑重考虑的！时光向前疾驰，毫不留情去等待人，一转眼青年便变成中年老年，一不留意便陷到许多中年人和老年人的厄运。这厄运是一部悲惨的三部曲。第一部是悬一个很高的理想，要改造社会；第二部是发现理想与事实的冲突，意志与社会恶势力相持不下；第三部便是理想消灭，意志向事实投降，没有改革社会，反被社会腐化。给它们一个简题，这是“追求”“彷徨”和“堕落”。青年们，这是一条死路。在你们的天真烂漫的头脑里，它的危险性也许还没有得到深切的了解，你们或许以为自己决不会走上这条路。但是我相信：如果你们没有彻底的觉悟，不拿出强毅的意志力，不下艰苦卓绝的功夫，不做脚踏实地的准备，你们是不成问题地仍走上这条路。数十年之后，你们的生命和理想都毁灭了，社会腐败依然如故，又换了一批像你们一样的青年来，仍是改革不了社会。朋友们，我是过来人，这条路的可怕我并没有夸张，那是绝对不能再走的啊！耶稣宣传他的福音，说只要普天众生转一个念头，把心地洗干净，一以仁爱为怀，人世就可立成天国。这理想简单到不能再简单，可是也深刻到不能再深刻。极简单的往往是正途大道，因为易为人所忽略，也往往最不易实现。本来是很容易的事而变成最难实现的，这全由于人的愚蠢、怯懦和懒惰。

世间事之难就难在人们不知道或是不能够转一个念头，或是转了念头而没有力量坚持到底。幸福的世界里决没有愚蠢者、怯懦者和懒惰者的地位。你要合理地生存，你就要有觉悟、有决心、有奋斗的精神和能力。

“知难行易”，这觉悟一个起点是我们青年所最缺乏的。大家都似在鼓里过日子，闭着眼睛醉生梦死，放弃人类最珍贵的清醒的理性，降落到猪豚一般随人饲养，随人宰割。世间宁有这样痛心的事！青年们，目前只有一桩大事——觉悟——彻底地觉悟！你们正在做梦，需要一个晴天霹雳把你们震醒，把“觉悟”两字震到你们的耳里去。

做现代的中国人

国家民族如果没有出路，
个人就决不会有出路；
要替个人谋出路，
必须先替国家民族谋出路。

“条条大路通罗马。”实现人生和改良社会都不必只有一条路径可走。每个人所走的路应该由他自己审度自然条件和环境需要，逐渐摸索出来，只要肯走，迟早总可以走到目的地。无论你走哪一条路，你都必定立定志向要做人；做现代的中国人，你必须有几个基本的认识。

一、时代的认识——人类社会进化逃不掉自然律。关于进化的自然律，科学家们有不同的看法。依达尔文派学者，生物常在生存竞争中，最适者生存，不适者即归淘汰。依克鲁泡特金，社会的维持和发展全靠各分子能分工互助，互助也是本于天性。这两种相反的主张产生了两种不同的国际政治理想。一种理想是拥护战争，生存既是一种竞争，而在竞争中又只有最适者可生存，则造就最适者与维持最适者都必靠战争，战争是文化进展的最强烈的刺激剂。另一种理想是拥护和平，战争只是破坏，在战争中人类尽量发挥残酷的兽性，愈残酷愈贪摧毁，愈不易团结，愈不易共存共荣；要文化发展，我们需要建设，建设需要互助，需要仁爱，也需要和平。这两种理想各有片面的真理，相反适以相成，不能偏废。我们的时代是竞争最激烈的时代，也是最需要互助的时代。竞争是事实而互助是理想。无论你竞争或是互助，你都要拿出本领来。在竞争中只有最适者才能生存，在互助中最不适者也不见得能坐享他人之成。所谓“最适”就是最有本领，近代的本领是学术思想，是技术，是组织力。无论是个人在国家社会中，或是民族在国际社会中，有了这些本领，才能和人竞争，也才能和人互助，否则你纵想苟且偷生，也必终归淘汰，自然铁律是毫不留情的。

二、国家民族现在地位的认识——我国数千年来闭关自守，固有的文化可以自给自足，而且四围诸国家民族的文化学术水准都比我们的低，不曾感到很严重的外来的威胁。从十九世纪以来，海禁大开，中国变成国际集团中的一分子,局面就陡然大变。我们现在遇到两重极严重的难关。第一，我们固有的文化学术不够应付现时代的环境。我们起初慑于西方科学与物质文明的威力,把固有的文化看得一文不值,主张全盘接受欧化;到现在所接受的还只是皮毛，毫不济事，情境不同，移植的树常不能开花结果，而且从两次大战与社会不安的状况看来，物质文明的误用也很危险，于是又有些人提倡固有文化，以为我们原来固有的全是对的。比较合理的大概是兼收并蓄，就中西两方成就截长补短，建设一种新的文化学术。但是文化学术须有长期的培养，不是像酵母菌可以一朝一夕制造出来的。我们从事于文化学术的人们能力都还太幼稚薄弱，还不配说建设。总之，我们旧的已去，新的未来，在这青黄不接的时候，我们和其他民族竞争或互助，几乎没有一套武器或工具在手里。这是一个极严重的局势。其次，我们现在以全副精力抗战建国。这两重工作中抗战是急需，是临时的；建国是根本，是长久的。多谢贤明领袖的指导与英勇将士的努力，多谢国际局面的转变，我们的抗战已逼近最后的胜利。这是我们的空前的一个好机会，从此我们可以在国际社会中做一个光荣的分子，从此我们可以在历史上开一个新局面。但是这“可以”只是“可能”而不是“必然”，由“可能”变为“必然”，还需要比抗战更艰苦的努力。抗战后还有成千成万的问题亟待解决，有许多恶习积弊要洗清，有许多文化事业和生产事业要建设。我们试问，我们的人才准备能否很有效率地担负这些重大的工作呢？要不然，我们的好机会将一纵即逝，我们的许多光明希望将终成泡影。我们的青年对此须有清晰的认识，须急起直追，抓住好时机不放过。

三、个人对于国家民族的关系的认识——世界处在这个剧烈竞争的时代，国家民族处在这个一发千钧的关头，我们青年人所处的地位何如呢？有两个重要的前提我们必须认识清楚：

第一，国家民族如果没有出路，个人就决不会有出路；要替个人谋出路，必须先替国家民族谋出路。

第二，个人在社会中如果不能成为有力的分子，则个人无出路，国家民族也无出路。要个人在社会中成为有力的分子，必须有德有学有才，而德行学问才具都须经过艰苦的努力才可以得到。

以往我们青年的错误就在于对这两个前提毫无认识。大家都只为个人打计算，全不替国家民族着想。我们忙着贪图个人生活的安定和舒适，不下功夫培养造福社会的能力，不能把自己所应该做的事做好，一味苟且敷衍，甚至用种种不正当的手段去求个人安富尊荣，钻营、欺诈、贪污，无所不至，这样一来，把社会弄得日渐腐败，国家弄得日渐贫弱。这是一条不能再走的死路，我已一再警告过。我们必须痛改前非，把一切自私的动机痛痛快快地斩除干净，好好地在国家民族的大前提上做功夫。我们须知道，我们事事不如人，归根究竟，还是我们的人不如人。现在要抬高国家民族的地位，我们每个人必须培养健全的身体、优良的品格、高深的学术和熟练的技能，把自己造成社会中一个有力的分子。

这是三个最基本的认识。我们必须有这些认识，再加以艰苦卓绝的精神去循序实行，到死不懈，我们个人，我们国家民族，才能踏上光明的大道。最后，我还须着重地说，我们需要彻底的觉悟。

宁愿烦闷，不愿消沉

人所以可贵，
就在他不像猪豚，
被饲而肥，
他能够不安于污浊的环境，
拿力量来改变它、征服它。

如果换个方式来说，从前的青年人病在志气太大，目前的青年人病在志气太小，甚至于无志气。志气太大，理想过高，事实迎不上头来，结果自然是失望烦闷；志气太小，因循苟且，麻木消沉，结果就必至于堕落。所以我们宁愿青年烦闷，不愿青年消沉。烦闷至少是对于现实的欠缺还有敏感，还可以激起努力；消沉对于现实的欠缺就根本麻木不仁，决不会引起改善的企图。但是说到究竟，烦闷之于消沉也不过是此胜于彼，烦闷的结果往往是消沉，犹如消沉的结果往往是堕落。目前青年的消沉与前五六年青年的烦闷似不无关系。烦闷是耗费心力的，心力耗费完了，连烦闷也不曾有，那便是消沉。

一个人不是生来就烦闷或消沉的，因为人都有生气，而生气需要发扬，需要活动。有生气而不能发扬，或是活动遇到阻碍，才会烦闷和消沉。烦闷是感觉到困难，消沉是无力征服困难而自甘失败。这两种心理病态都是挫折以后的反应。一个人如果经得起挫折，就不会起这种心理变态。

呐喊

[挪威]爱德华·蒙克

1893

所谓经不起挫折，就是没有决心和勇气，就是意志薄弱。意志薄弱经不起挫折的人往往有一套自宽自解的话，就是把所有的过错都推诿到环境。明明是自己无能，而埋怨环境不允许我显本领；明明是自己甘心做坏人，而埋怨环境不允许我做好人。这其实是懦夫的心理，对于自己全不肯负责任。环境永远不会美满的，万一它生来就美满，人的成就也就无甚价值。人所以可贵，就在他不像猪豚，被饲而肥，他能够不安于污浊的环境，拿力量来改变它、征服它。

普通人的毛病在责人太严，责己太宽。埋怨环境还由于缺乏自省自责的习惯。自己的责任必须自己担当起，成功是我的成功，失败也是我的失败。每个人是他自己的造化主，环境不足畏，犹如命运不足信。我们的民族需要自力更生，我们每个人也是如此。我们的青年必须先有这种觉悟，个人和国家民族的前途才有希望。能责备自己，信赖自己，然后自己才会打出一个江山来。我们有一句老话："有志者事竟成。"这话说得很好，古今中外在任何方面经过艰苦奋斗而成功的英雄豪杰都可以做例证。志之成就是理想的实现。人为的事实都必基于理想，没有理想决不能成为人为的事实。譬如登山，先须存念头去登，然后一步一步地走上去，最后才会达到目的地。如果根本不起登的念头，登的事实自无从发生。这是浅例。世间许多行尸走肉浪费了他们的生命，就因为他们对于自己应该做的事不起念头。许多以教育为事业的人根本不起念头去研究，许多以政治为事业的人根本不起念头为国民谋幸福。我们的文化落后，社会紊乱，不就由于这个极简单的原因么？这就是上文所谓"消沉""无志气"。"有志者事竟成"，无志者事不成。

立志要度德量力

本分人做本分事，
脚踏实地，
丝毫不带一点浪漫情调。
我相信如果我们能够彻底地照着做，
不至于很误事。

有些人误解立志只是起念头。一个小孩子说他将来要做大总统，一个乞丐说他成了大阔佬要砍他的仇人的脑袋。所谓“癞蛤蟆想吃天鹅肉”，完全不思量达到这种目的所必有的方法或步骤，更不抱定循这方法步骤去达到目的之决心，这只是狂妄，不能算是立志。世间有许多人不肯学乘除加减而想将来做算学的发明家，不学军事当兵打仗而想将来做大元帅东征西讨，不切实培养学问技术而想将来做革命家改造社会，都是犯这种狂妄的毛病。

如果以起念头为立志，则有志者事竟不成之例甚多。愚公尽可移山，精卫尽可填海，而世间却实有不可能的事情。我们必须承认“不可能”的真实性。所谓“不可能”，就是俗语所谓“没有办法”，没有一个方法和步骤去达到所悬想的目的。没有认清方法和步骤而想达到那个目的，那只是痴想而不是立志，志就是理想，而理想的理想必定是可实现的理想。理想普通有两种意义，一是“可望而不可攀，可幻想而不可实现的完美”，

让·雅克·卢梭
阿兰·拉姆齐
1766

比如许多宗教都以长生不老为人生理想，它成为理想，就因为事实上没有人长生不老。理想的另一意义是“一个问题的最完美的答案”,或是“可能范围以内的最圆满的解决困难的办法”。比如长生不老虽非人力所能达到，而强健却是人力所能达到的，就人的能力范围来说，强健是一个合理的理想。这两种意义的分别在一个蔑视事实条件，一个顾到事实条件，一个渺茫无稽，一个有方法步骤可循。严格地说，前一种是幻想、痴想而不是理想，是理想都必顾到事实。在理想与事实起冲突时，错处不在事实而在理想。我们必须接受事实，理想与事实背驰时，我们应该改变理想。坚持一种不合理的理想而至死不变只是匹夫之勇，只是“猪武”。我特别着重这一点，因为有些道德家在盲目地说坚持理想，许多人在盲目地听。

我们固然要立志,同时也要度德量力。卢梭在他的教育名著《爱弥儿》里有一段很透辟的话，大意是说人生幸福起于愿望与能力的平衡。一个人应该从幼时就学会在自己能力范围以内起愿望，想做自己所能做的事，也能做自己所想做的事。这番话出诸浪漫色彩很深的卢梭尤其值得我们玩味。卢梭自己有时想入非非，因此吃过不少的苦头，这番话实在是经验之谈。许多烦闷，许多失败，都起于想做自己所不能做的事，或是不能做自己所想做的事。

志气成就了许多人，志气也毁坏了许多人。既是志，实现必不在目前而在将来。许多人拿立志远大做借口，把目前应做的事延宕贻误。尤其是青年们欢喜在遥远的未来摆一个黄金时代，把希望全寄托在那上面，终日沉醉在迷梦里，让目前宝贵的时光与机会错过，徒贻后日无穷之悔。我自己从前有机会学希腊文和意大利文时没有下手，买了许多文法读本，心想到四十岁左右时当有闲暇岁月，许我从容自在地自修这些重要的文字，现在四十过了几年了，看来这一生似不能与希腊文和意大利文有缘分了，那箱书籍也恐怕只有摆在那里霉烂了。这只是一例，我生平有许多事叫我追悔，大半都像这样“志在将来”而转眼即空空过去。“延”与“误”永是连在一起，而所谓“志”往往叫我们由“延”而“误”。所谓真正立志，不仅要接受现在的事实，尤其要抓住现在的机会。如果立志要做一件事，那件事的成功尽管在很远的将来，而那件事的发动必须就在目前一顷刻。想到应该做，马上就做，不然，就不必发下一个空头愿。发空头愿成了一个习惯，一个人就会永远在幻想中过活，成就不了任何事业，听说抽鸦片烟的人想头最多，意志力也最薄弱。老是在幻想中过活的人在精神方面颇类似烟鬼。

我在很早的一篇文章里提出我个人做人的信条，现在想起，觉得其中仍有可取之处，现在不妨趁此再提出供读者参考。我把我的信条叫作“三此主义”，就是此身、此时、此地。一、此身应该做而且能够做的事，就得由此身担当起，不推诿给旁人。二、此时应该做而且能够做的事，就得在此时做，不拖延到未来。三、此地（我的地位、我的环境）应该做而且能够做的事，就得在此地做，不推诿到想象中的另一地位去做。

这是一个极现实的主义。本分人做本分事，脚踏实地，丝毫不带一点浪漫情调。我相信如果我们能够彻底地照着做，不至于很误事。西谚说得好：“手中的一只鸟，值得林中的两只鸟。”许多“有大志”者往往为着觊觎林中的两只鸟，让手中的一只鸟安然逃脱。

贪懒取巧都不会有大成就

意志力愈强，
动愈容易成功；
意志力愈弱，
动愈易失败。

我提出这个题目来谈，是根据一点亲身的体验。有一段时间，我学过作诗填词。往往一时兴到，我信笔直书，心里想到什么，就写什么，写成了自己读读看，觉得很高兴，自以为写得还不坏，后来我把这些习作拿给一位精于诗词的朋友看，请他批评，他仔细看了一遍后，很坦白地告诉我说："你的诗词未尝不能作，只是你现在所作的还要不得。"我就问他："毛病在哪里呢？"他说："你的诗词来得太容易，你没有下过力，你喜欢取巧，显小聪明。"听了这话，我捏了一把冷汗，起初还有些不服，后来对于前人作品多费了一点心思，才恍然大悟，那位朋友批评我的话真是一语破的。我的毛病确是在没有下过力。我过于相信自然流露，不知道第一次浮上心头的意思往往不是最好的意思，第一次浮上心头的词句往往不是最好的词句。意境要经过洗练，表现意境的词句也要经过推敲，才能脱去渣滓，达到精妙境界。洗练推敲要吃苦费力，要朝抵抗力最大的路径走。福楼拜自述写作的辛苦时说："写作要有超人的意志，而我却

修钢笔的作家

简 · 艾克尔斯二世

1784

是一个人!”我也有同样的感觉，我缺乏超人的意志，不能拼死力往里钻，只朝抵抗力最低的路径走。

这一点切身的体会使我感触很深。它是一种失败，然而从这种失败中我得到一个很好的教训。我觉得不单在文艺方面，就是在立身处世的任何方面，贪懒取巧都不会有大的成就，要有大成就，必定朝抵抗力最大的路径走。

“抵抗力”是物理学上的一个术语。凡物在静止时都本其固有“惰性”而静止，要使它动，必须在它身上加“动力”，动力愈大，动愈速愈远。动的路径上不能无抵抗力，凡物的动都朝抵抗力最低的方向。如果抵抗力大于动力，动就会停止，抵抗力尽管低，聚集起来也可以使动力逐渐减小以至于消灭，所以物不能永动。静止后要使它续动，必须加以新动力。这是物理学上一个很简单的原理，也可以应用到人生上面。人像物质一样有惰性，要想他动，也必须有动力。人的动力就是他自己的意志力。意志力愈强，动愈容易成功；意志力愈弱，动愈易失败。不过人和一般物质有一个重要的区别：一般物质的动都是被动，使它动的动力是外来的；人的动有时可以是主动，使他动的意志力是自生自发自给自足的。在物的方面，动不能自动地随抵抗力增加而增加；在人的方面，意志力可以自动地随抵抗力之增加而增加，所以物质永远是朝抵抗力最低的路径走，而人可以朝抵抗力最大的路径走。物的动必终为抵抗力所阻止，而人的动可以不为抵抗力所阻止。

照这样看，人之所以为人，就在能不为抵抗力所屈服。我们如果要测量一个人有多少人性，最好的标准就是他对于抵抗力所拿出的抵抗力，换句话说，就是他对于环境困难所表现的意志力。我在上文说过，人可以朝抵抗力最大的路径走，人的动可以不为抵抗力所阻。我说“可以”不说“必定”，因为世间大多数人仍是惰性大于意志力，欢喜朝抵抗力最低的路径走，抵抗力稍大，他就要缴械投降。这种人在事实上失去最高生命的特征，堕落到无生命的物质的水平线上，和死尸一样东推东倒，西推西倒。他们在道德学问事功各方面都决不会有成就，万一以庸庸得厚福，也是叨天之幸。

人生来是精神所附丽的物质，免不掉物质所常有的惰性。抵抗力最低的路径常是一种引诱。我们可以说，凡是引诱所以能成为引诱，都因为它是抵抗力最低的路径，最能迎合人的惰性。惰性是我们的仇敌，要克服惰性，我们必须动员坚强的意志力，不怕朝抵抗力最大的路径走。走通了，抵抗力就算被征服，要做的事也就算成功。举一个极简单的例子。在冬天早晨，你睡在热被窝里很舒适，心里虽知道这应该是起床的时候而你总舍不得起来。你不起来，是顺着惰性，朝抵抗力最低的路径走。被窝的暖和舒适，外面的空气寒冷，多躺一会儿的种种借口，对于起床的动作都是很大的抵抗力，使你觉得起床是一件天大的难事。但是你如果下一个决心，说非起来不可，一耸身你也就起来了。这一起来事情虽小，却表示对于最大抵抗力的征服，你的企图的成功。

生命，是一种奋斗

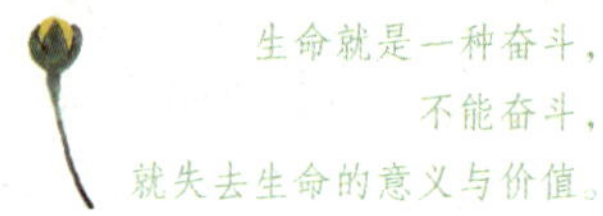

生命就是一种奋斗，不能奋斗，就失去生命的意义与价值；能奋斗，则世间很少有不能征服的困难。古话说得好，“有志者事竟成”。希腊最大的演说家是德摩斯梯尼，他生来口吃，一句话也说不清楚，但他抱定决心要成为一个大演说家，他天天一个人走到海边，向着大海练习演说，到后来居然达到了他的志愿。这个实例阿德勒派心理学家常喜援引。依他们说，人自觉有缺陷，就起“卑劣意识”，自耻不如人，于是心中就起一种“男性的抗议”，自己说我也是人，我不该不如人，我必用我的意志力来弥补天然的缺陷。阿德勒派学者用这原则解释许多伟大人物的非常成就，例如聋子成为大音乐家，瞎子成为大诗人之类。我觉得一个人的紧要关头在起“卑劣意识”的时候。起“卑劣意识”是知耻，孔子说得好，“知耻近乎勇”。但知耻虽近乎勇而却不就是勇。能勇必定有阿德勒派所说的“男性的抗议”。“男性的抗议”就是认清了一条路径上抵抗力最大而仍然勇往直前，百折不挠。许多人虽天天在“卑劣意识”中过活，

罗马人劫持萨宾妇女
科尔托纳
1627 ~ 1629
意大利罗马卡匹托里尼画廊

却永不能发“男性的抗议”，只知怨天尤人，甚至于自己不长进，希望旁人也跟着他不长进，看旁人长进，只怀满肚子醋意。这种人是由知耻回到无耻，注定地要堕落到十八层地狱，永不超生。

能朝抵抗力最大的路径走，是人的特点。人在能尽量发挥这特点时，就足见出他有富裕的生活力。一个人在少年时常是朝气勃勃，有志气，肯干，觉得世间无不可为之事，天大的困难也不放在眼里。到了年事渐长，受过了一些磨折，他就逐渐变成暮气沉沉，意懒心灰，遇事都苟且因循，得过且过，不肯出一点力去奋斗。一个人到了这时候，生活力就已经枯竭，虽是活着，也等于行尸走肉，不能有所作为了。所以一个人如果想奋发有为，最好是趁少年血气方刚的时候，少年时如果能努力，养成一种勇往直前百折不挠的精神，老而益壮，也还是可能的。

一个人的生活力之强弱，以能否朝抵抗力最大的路径为准，一个国家或是一个民族也是如此。这个原则有整个的世界史证明。姑举几个显著的例，西方古代最强悍的民族莫如罗马人，我们现在说到能吃苦肯干，重纪律，好冒险，仍说是“罗马精神”。因其有这种精神，所以罗马人东征西讨，终于统一了欧洲，建立一个庞大的殖民帝国。后来他们从殖民地获得丰富的资源，一般罗马公民都可以坐在家里不动而享受富裕的生活，于是变成骄奢淫逸，无恶不为，一到新兴的“野蛮”民族从欧洲东北角向南侵略，罗马人就毫无抵抗而分崩瓦解。再如清朝，他们在入关以前过的是骑猎生活，民性最强悍，很富于吃苦冒险的精神，所以到明末张李之乱社会腐败紊乱时，他们以区区数十万人之力就能入主中夏。可是他们做了皇帝之后，一切皇亲国戚都坐着不动吃皇粮，享大位，过舒服生活，不到三百年，一个新兴民族就变成腐败不堪，辛亥革命起，我们就轻轻易易地把他们推翻了。我们如果要明白一个民族能够堕落到什么地步，最好去看看北平的旗人。

我们中华民族在历史上经过许多波折，从周秦到现在，没有哪一个时代我们不遇到很严重的内忧，也没有哪一个时代我们没有和邻近的民族挣扎，我们爬起来蹶倒，蹶倒了又爬起，如此者已不知若干次。从这简单的史实看，我们民族的生活力确是很强旺，它经过不断的奋斗才维持住它的生存权。这一点祖传的力量是值得我们尊重的。

要有少数特立独行的人们去转移风气

我们需要救世主，
这救世主必定是少数人而不是全社会，
而少数人却必有替人类担荷罪孽
不惜牺牲身家性命的决心。

中国社会如何可以变好呢？多数青年着眼到社会的黑暗一方面，在这问题前面彷徨、苦闷，以至于绝望。在他们看，这社会积弊太深，积重难返，对于每个人是一种推不翻的重压，纵然有少数人的努力也是独木难支大厦，这种心理是必须彻底消除的。我从前曾写过一段话，现在还觉得不错："社会愈恶愈需要有少数特立独行的人们去转移风气。一个学校里学生纵然十人有九人奢侈，一个俭朴的学生至少可以显出奢侈与俭朴的分别；一个机关的官吏纵然十人有九人贪污，一个清严的官吏至少可以显出贪污与清严的分别。好坏是非都由相形之下见出。一个社会到了腐败的时候，大家都跟旁人向坏处走，没有一个人反抗潮流，势必走到一般人完全失去是非好坏分别的意识，而世间便无所谓羞耻事了。所以全社会都坏时，如果有一个好人存在，他的意义与价值是不可测量的。"世间事有因就必有果，种下善因，迟早必得善果。物理的力不灭，精神的力更不灭，它能够由一人而感发十人百人以至无数人。所谓"风气"

就是这样培养成的。

要复兴中国民族，我们必须在青年心理中养成对于个人努力的信任。道理原来很简单，分子不健全，团体绝不会健全，我们的环境日渐其难，不努力绝不能侥幸成功。现在许多人仍妄存侥幸的心理，以为我们在竞存的世界中，纵然没有能力，还可以卖老招牌，充空心大老倌，或是以为我们自己纵然无能，旁人也许会慷慨好施，助我们立国。这种心理最荒唐也最危险。将来我们的生存权必寄托于全民族每个分子的努力，这是确无疑义的天经地义。借自己的努力，艰苦卓绝地奋斗到底，以求征服一切环境困难，达到我们所追求的理想，这是我们所应崇奉的英雄主义。依照这种英雄主义，我们必须尊敬而且维护社会上一切环境困难而能挺身奋斗者，必须鄙弃而且消灭社会上一切侥幸苟安者夤缘幸进者和颓废因循者。社会像生物一样，寄生虫愈多，也就愈易枯朽。无功受禄者与不才而在高位者都是社会的寄生虫，他们日蛀蚀，夜蛀蚀，终久会将社会蛀蚀成枯壳。关于这一点，我觉得政教当局须特别注意，为着自树声势而多引用或扶助一个无品学的青年，便是多奖励一分苟且侥幸的心理，多打消一分艰苦奋斗的精神。这种办法可危及国家命脉，我们当知警惕。

我个人深切地感觉到中国社会所以腐浊，实由我们人的质料太差，学问、品格、才力，件件都经不起衡量。要把中国社会变好，第一须把人的质料变好。我并不敢菲薄现代青年，我总觉得现代青年大半仍在鼓里过日子，没有明白自己的责任，更不肯出死力去尽自己的责任，多数人徒以学校为进身干禄之阶，品格固不砥砺，学问也止于浅尝肤受。这种风气必须改变过，中国才真正有希望。改变风气是教育的事，但是教育却不仅是学校的事。学问固然应该多给青年们以良好的影响，而学校以外的政教当局与整个社会也应该少给青年们以不良的影响。在过去，学校与社会都显然没有充分地尽他们的责任，应该自惭的地方甚多，彼

耶稣被钉十字架

昆丁·马西斯

此都需要严厉的自省与自责。

我近来读了两部基督教会史，心里颇多感触。耶稣和他的十二门徒与早期神父，除着圣保罗以外，大半出身下层社会，没有什么学问。他们处境又非常困难，内受犹太同胞的倾轧，外受罗马政权的凌虐。然而在三四百年间，他们的势力遍于全欧，五六百年间，他们的传教士远达于中国长安，使耶稣教成为世界文化中一个主要的因素，没有一个更好的实例可以使我们明白少数人的努力能造成弥漫一世的风气。可是我们也要记着早期基督教的神父的努力是如何坚苦卓绝！为着传布他们的信仰，他们赴汤蹈火，居隧道，饱猛兽，前仆后起，以牺牲性命为光荣。无论我们是否相信基督教，他们的精神确可令人闻风兴起。

我们不必需要宗教，但必须有宗教家布道的精神。十几个犹太平民居然调动了全世界，难道十几个有为有守的中国人就不能把中国社会改善么？我们需要救世主，这救世主必定是少数人而不是全社会，而少数人却必有替人类担荷罪孽不惜牺牲身家性命的决心。亚门！

我们不应仇视自由分子

自由分子代表了社会上
一种健全的稳定的力量，
一个贤明的政府不但不应该设法消除他，
而且还应该竭力维护他的存在。

顾名思义，自由分子不属于一个政党。惟其如此，他无须与任何政党立于反对的地位。党与党反对，而自由分子在中间保持一个中立的超然的态度。他不参加一个政党，有时因为他要专心致志于他的特殊职业，没有工夫也没有兴趣去作党的活动，有时也因为他觉得有党就有约束，妨碍他的思想与行动自由，而且他也看到在党与党的纷争之中，一部分人如果能保持一个中立的超然的态度，那对于国家社会有健康的影响。自由分子可能缺乏政治兴趣，但是在近代国家社会中，大部分生活都要牵连到政治，不由得他不对政治作思考和形成意见。他在思考时只须就事论事，无须为庇护某一条党纲或某一种政策而去对某一件事情作偏袒地赞助或抨击，所以他的意见较能从四面八方着眼，大公无私，稳健纯正。如果像他这种人能在一个社会里形成一个舆论，那舆论也必是平正的、健全的、有助于社会安定的。

在定义上自由分子既不是某一党某一派的分子，他就不能有所谓“组织”。一切组织都要有一个共同的信仰与共同的纪律，每个分子都要牺牲个人的自由来保持团体的完整。这信仰与纪律可能与另一组织的信仰与纪律相冲突，个别分子势必放弃他的个人的立场而为团体斗争。这就是“阿其所好”，“党同伐异”；这也就与自由分子之所以为自由分子的精神相反。但是自由分子虽无组织，他们的思想却有一个重心与共同倾向。因为实际上自由分子在社会上往往占多数，尤其是在目前的中国，而这多数人的立场既同是中立的超然的，他们对于国家重要问题自然是很客观地就国家全局着想，他们所见到的自然是公是公非而不是党是党非。所以在像中国这样的国家里，真正能代表民意的是自由分子。自由分子的思想既然比较稳健纯正而又富于代表性，它在一个民主国家里就应该是一个不可忽视的保持平衡的力量。

因为这个道理，站在任何一个政党的立场，我们不应仇视自由分子。自由分子本不与任何政党对敌，而且任何政党如果在某个主张或某个措施上是对的，值得同情的，就在那个主张或措施上，自由分子必定成为他们的热心赞助的朋友。自由分子总是站在全体人民的福利一边，所以总是以公正的态度赞助为全体人民谋福利的那个政党。自由分子是否赞助，就成为测量一个政党力量的最准确的标准。一个政党看到自由分子赞助它，它可以增加自信，提高勇气，看到自由分子不同情它，它也就该深自警惕，力图革新。所以自由分子是政党的清化剂。还不仅此，政党向来有在朝在野之分，在野党与在朝党总是反对的，所以不免常起冲突，这冲突有时恶化到引起内乱的地步。在民主国家，解决冲突的办法是解散国会，诉诸选举，或是在朝党退让下野，由在野党重新组织政府。在一个不大稳定的国家，无论取那一种办法，都足以引起社会的骚动。如果自由分子有力量，他们的意见就可以在这冲突的两方中保持一种平衡，居中调处，找出一个折中的方案，不致弄成僵局。所以，自由分子是政党冲突中一种缓冲。与这一点相关的是党以内可否有自由分子的问题。本来，“党员”与“自由分子”是互相矛盾的名词，尤其是过去纳粹与法西斯那种集权式的政党。纪律高于一切，入了党就断送了个人的自由。不过，一个民主式的政党却不同，它的力量不在铁枷似的纪律，而在它对于大多数人民的代表性。它应该能代表各种不同的人民的不同的利益与意见，所以它的分子不应是清一色的，或是像古罗马的“密阵军”，应该是各种色彩具备。尤其应该有一部分比较自由或开明的人物，这种人可以成为党以内的缓冲。

站在整个国家的立场，我们更不应仇视自由分子。这一层无用多说，上文所说的话可以看成这句结论的理由。自由分子在必要时可以反对政府的某种政策或某种行为，但在任何时候都不会反对国家。他站在国家利益的立场上，当然会赞助真正为国家谋利益的政府，到了政府不能尽政府的应尽的职责时，他像任何一个有理性的公民一样，要加以指责，甚至于表示怨望。但是他的动机总是纯正的，善意的。他既代表社会上一种健全的稳定的力量，一个贤明的政府不但不应该设法消除他，而且还应该竭力维护他的存在。

人心不能挽回，国势就不能挽回

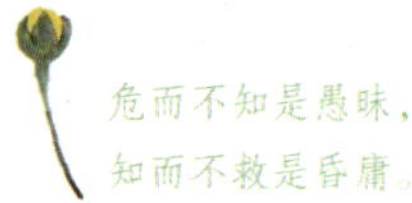

危而不知是愚昧，
知而不救是昏庸。

目前中国百病丛生，病原固然很多，最严重的是人心的涣散。一般人民对于政府已失去信心，对自己也已失去信心。大家眼看大难当头，焦急而颓丧，不相信政府有办法或是有诚意去挽回这个危局；少数有心人想努力尽匹夫兴亡之责，也自觉无权无力，独木难支大厦。于是无论贤愚，一体抱着“天倒大家当”那种失败主义的心理，趁火打劫者有之，隔岸观火者有之。青年人愿望较高，失望也较甚，不免把一切灾祸都归咎于政府的腐败与无能，在颓唐愤恨之余，把一切希望寄托于凡是反对政府的人们，以为他们一定是中国的未来的救星。

这是无可讳言的事实，也是极危险的病征。目前许多乱象都导源于此。比如说物价，物品的供给是有定量的，需要也是有定量的，以有定量的供给应有定量的需要，论理在价值上不应有很大的波动。而这几年来物价却不断地以级数增高。这种现象显然是人为的。原因在人民不相信政府，不相信钞票。愈不相信钞票而钞票出笼愈多，贬值愈快，物价也就愈提高；

物价愈提高而人心也就愈不稳定，金融也就愈紊乱。这全是心理所造成的一种“恶性的循环”。

再比如说贪污。已往官场贪污是例外，今日官场不贪污是例外。国家好比一棵老树，贪官是蛀木的蚂蚁，蛀来蛀去，势必蛀到那棵老树毁灭倒塌为止；到那时覆巢之下无完卵，一切同归于尽。这是极愚蠢的事而人人都偏争着去做。原因在官僚不相信政府，不相信政府可以保障社会安全，以为目前能抓到一点且抓住一点，好作狡兔三窟之计；不相信政府的法律，以为许多贪污的人都没有受惩罚，自己当然也可逍遥法外。大家相习成风，有了钱就有了势，贪污已不是一件可羞耻的事。失败主义的心理产生了贪污，而且也在奖励贪污。

这里只举两端为例，其他社会病态也都如此，分析起来，后面都有一个心理的成因。在对于政府和自己失去信心之中，大家已养成一个根深蒂固的失败主义，不能有临大难所必有的镇静和坚忍。这是一切病态中最严重的一个病态。中国已往数千年的政治教训是：“民为邦本”，“民无信不立”，“得道者多助，失道者寡助”；中国已往数千年的政治经验也是：国运的兴衰系于人心的得失。不必远说，近看这三四十年中的政潮起伏，也可以见出政权总是寄托在人心上。这三四十年中，从满清到袁世凯、曹锟、段棋瑞以及其他，一个政权到了人民希望它倒的时候，没有不倒的。这是现政府该警惕的，也是我们应该警惕的。

人心不能挽回，国势就不能挽回。病已深沉，想挽回也不是头痛医头脚痛医脚所可济事，我们必须用大刀阔斧在深中要害处下手，切切实实地做几件大快人心的事。所谓大快人心的事就是根本铲除已往大伤人心的事。这至少有下列三大要政。

一、彻底实行“天下为公，选贤任能”的大原则。……

二、彻底推行有效的经济救急措施。……

三、彻底澄清吏治。……

危而不知是愚昧，知而不救是昏庸。今日已不是“以不变应万变”的时候，四万万人都在焦急地观望着，政府有无挽救危亡的诚心与毅力，这是最后一次测验了。

这番话不是高调，也不是怨言，它是救命的呼声！

卷在潮流中的人们 趁早醒觉

今日世界所需要的是清醒，
和爱与沉着，
而今日群众所走的
是疯狂，怨恨浮躁，与怯弱的路。

古代有一个寓言，说一个父亲临死时把他的一群儿子召来，拿一捆柴棍叫他们试试看能否把它折断。他们都没有那样大的力气；于是父亲把捆子解开，让他们逐枝折断，他们都不觉到难。于是父亲就给他们这样一个遗嘱："孩子们，站在一起，你们就有力量，拆散开来，任何人都能摧毁你们，就如同这一捆柴棍。"这寓言反映着人类的原始而普通的经验与智慧力量在团体不在个体，在团结中弱者变成强者。所谓"众志成城"，"二人同心；其利断金"，也是表明这个意思。人是社会的动物，而社会的存在就基于团结，所以，团结本来是好事。但是，凡事都有几面看法。关于团结，我们第一要问团结的分子的素质如何，团结的力量本身是好是坏，对于社会的影响是好是坏。如果不良的分子团结起来成为一种恶势力，去做违法违理的事，对于社会发生坏影响——趁便地说，这是强盗帮伙的好定义——那种团结就没有理由可以辩护它的存在。

回头谈到近来一些团结行动，我们当然不能一概而论。团结的分子

苏格拉底之死
雅克·达维特
1787

可能是良，是莠，或是良莠不齐；动机可能是纯正，不纯正，或是二者参半；方式可能凭理，或是任情感的冲动；结果可能有济于事，或是决裂偾事，在已经紊乱的社会上增加紊乱。这些问题姑且不谈，社会有目共睹，是非自在人心。我们现在所要谈的只是像近来这些群众行动对于其中个别分子有很坏的影响。

第一，它由掩护怯懦而滋养怯懦。团体由个别分子组成，团体对于它的行动所负的责任本来就是每个分子的责任；可是，在团体行动中个别分子往往把自己行为的责任都推诿到团体那个空洞抽象的名义上，自己就站在一个不负责任的地位。“这不是我，这是大家的意思”。这种不负责任的地位就解除了他的一切法律和道德上的约束，恢复了他的放纵劣根性的“自由”。于是平时个人所不敢说不敢做的等到混在群众中就敢说敢做，平时个人所引为不光荣的等到混在群众中就腼然不以为耻。这不但是怯懦，而且是卑鄙。世间最怯儒最卑鄙的事莫过于匿名揭帖。心里想骂一个人，理不直，气不壮，不敢公然去骂，怕骂了自己丢人或是撞祸事，却又不肯闭嘴歇气。于是像贼一般把自己隐藏在黑暗里，使劲栽他一个暗拳。这叫做“含沙射影”，自古就被人公认为狐鼠宵小的伎俩。稍稍想把自己看做人的人们决不屑做这种下流事。可是，许多人往往躲在群众中做这种下流事。话明明是他说的，事明明是他做的，可是他不敢站起来自招，公布出来的负责人不是他而是某某社，某某会，你当然抓不住他，更抓不住那个社或会，于是他就逍遥于法律，舆论良心种种制裁以外了。你不信这批人真正没有胆量吗？你如果把他们从掩护他们的群众中牵出来，你会发现他们大半是怯鼠驯羊，有事哀求你会向你哭泣下跪。你从来不会轻易遇见一个随和群众而摇旗呐喊的人，同时是一个特立独行而且做事有担当的人。他没有那个胆量，他一向是在庇护之下寄生的。

其次，在群众庇护之下，个别分子极容易暴露人类野蛮根性中的狠毒凶残。责任推开了，情欲煽热了，迫害狂的原形于是毕露。雅典人以流毒青年的罪状公审苏格拉底，最后法官取决于群众，群众狂呼：“让他死！”于是，一位心灵照耀千秋的哲人就饮鸩而死。罗马人受犹太人的控诉，以渎亵宗教的罪名公审耶稣，最后法官也取决于群众，群众狂呼“钉死他！”于是一位大慈大悲的救世主就钉上了十字架。这是两个古典的例证。没有几天以前，印度还有一群热狂人把举世景仰的八十高龄的圣雄甘地打了三枪致命。这种凶残的暴露一半由于团体取消了个人的责任心，一半也由于群众心理中的暗示作用与摹仿作用。一切群众的暴动都难免有怨恨做起因。怨毒之于人本来深入骨髓，群众交相煽动，星星之火可以煽成烈焰，既成了烈焰，燃烧毁灭便是它的功用，让一切触着它的燃烧毁灭！社会的团结向来都要基于相爱，如今群众只借怨恨做联结线，大家沉醉在怨恨里发泄怨恨而且礼赞怨恨。这怨恨终于要烧毁社会，也终于要烧毁怨恨者自身。要想人世不完全毁灭，而还留一线光明与温暖，我们决不能让这种毁灭的种子蔓延。

今日世界所需要的是清醒，和爱与沉着，而今日群众所走的是疯狂，怨恨浮躁，与怯弱的路。回头是岸，让我们祷祝卷在潮流中的人们趁早醒觉！

谈勤俭建国运动

我们要建立一个完善的制度，
使人人能尽量发挥他的潜能，
以他自己的努力
换取他的生活的丰富与富裕。

勤俭本是数千年来中国民族的传统的美德。这美德与其说由于道德理想的实现，无宁说由于现实环境的逼成。社会生产制度主要地一向是农业的，勤俭是农业社会中成功的要件。像近几十年天灾人祸不断地发生之际，民生凋敝，一般老百姓尤其不能不勤俭，不勤俭就无以免于饥寒死亡。所以就一般民众而言，勤俭运动似乎是多余的。目前不勤不俭者只是都市中少数有钱与有闲阶级的豪门富户。他们造成骄奢淫逸的风气，自己中了毒，还在流毒于全国，影响及于市场的奸诈和政府的贪污腐败。他们的确是现在中国社会的蛀虫。勤俭运动当以这批人为对象。这批人已到了怙恶不悛的地步，非空谈勤俭所可感化的。我们当首先探求他们不勤不俭的根源，然后从根源上着手做革新的工夫。我们以为这是一个社会制度的问题而不只是一个道德理想的问题，解决的办法也在建立人人不能不自勤自俭的环境大势而不只在把勤俭当作美德去宣传或劝导。

农民和他的妻子和孩子在农舍前
大卫 Teniers

豪门富户之所以不勤，因为他们无须勤。他们拥有超过生活必须限度的资产，并且凭借这过度的资产，利用旁人的劳力，去累积更多的过度的资产，不稼不穑，不狩不猎，袖手优游，坐享其成。他们在社会中是寄生阶级，吮他人的血液而自肥。这种寄生阶级在一个社会中可以存在，那个社会就必有终被蛀空的一日，这是无疑义的。追究责任，与其说在这寄生阶级，无宁说在社会本身，因为惰性是人与一切物质所生而就有的，社会既允许一个人可以不劳而获，他如果拒绝这个恩惠，就未免违背天性。所以勤俭的根本办法是在建立一个非劳不获的环境大势，而要达到这个目的，唯一的途径也就在打破目前这个不劳可获的局面。

其次，豪门富户之所以不俭，原因不外两种。头一种与上述不劳而获一点有关。他们不知稼穑之艰难，钱来得容易就去得容易。人生来有些低劣的欲望；有满足这些欲望的凭借而社会又无钳制的力量，他们要去满足它们，本是顺着自然的趋势。所以要防止他们骄奢淫逸，只要逼他们凭自己的努力换取生活的资源；他们知道勤了，就自然会知道俭。其次，他们所以不俭，也由于社会配给制度的不存在或不完善，容许他们有过度的和不正当的享受。他们有的是钱，钱即能通神，要买什么就有什么可买，社会不但不加限制或非议，反而以为这是可欣羡的荣耀，在容忍而兼奖掖之下，他们不苛刻自己，也是顺着自然的势。所以彻底防奢劝俭，就要建立合理的消耗分配制度，如现在英国所采用的，严禁奢侈品的制造与输入，并且严禁必需品的不公平的分配。你只须吃饭无须抽烟喝酒，就不许有烟酒；你每日只须吃一斤米，也就不许买一斤一两。这样地办，人人平等，不容许你不俭，尽管你钱多或是地位高。

在中国伦理的字汇中，勤俭向来并举，各民族没有不奉俭为美德的，各民族对于俭的看重与劝勉，则以中国民族为最显著。其实两者之中，勤远比俭为重要。勤是创造与生产的要件，俭只是享受上的节约；勤偏在开源，俭偏在节流；所以勤是积极的而俭是消极的。俭未尝不是一种美德，但是我们不必过分地着重。人类文明进展，无论在物质方面或在精神方面，都应该向生活的丰富富裕方面走。一代的奢侈变成下一代的必需。需要是文明进步的促进力，也是人类努力的一种鞭策，创造与生产的一种推动机。过度的俭约可以酿成生活的干枯与文明进展的停滞。尤其在生活水准本来极低的中国，我们不必再鼓吹一般人再把生活水准尽望下降低。我们已够紧缩了，再紧缩便要琢丧生机与生趣，我们要提出一个完善的方案，建立一个完善的制度，使人人能尽量发挥他的潜能，以他自己的努力换取他的生活的丰富与富裕。俭或可弥补已成形的灾荒，要真正建国，只有勤才可济事。勤也要有一个用武之地，目前中国社会像一架停了摆的机器，叫厂里许多机工都在强迫怠工的情形之下抱着膀子呆望着，这中间不知道有多少力量的浪费与生机的遏抑。现在空提一个口号实在无济于事，我们必须把这强迫怠工的情形除去，把这架机器再发动起来，使各部门的人都可站在自己的岗位，发挥自己的效能，这就是说，农村要复兴起来，工厂要建设起来，一切公益的事业要推动起来。

这都是极浅而易见的道理。我们无用高深的理论，也无须大吹大擂的宣传。说不难，难在做；做也不难，难在掌握政权者肯从自己做起，埋头苦干，实事求是，树立一个新风气。

文章出处

序：老而不僵——载《中国老年》第九期，1985 年 9 月

第一章 世间欢喜消遣人

不休息的工作才是浪费时间——节选自《谈休息》

世间欢喜消遣的人——节选自《谈消遣》

使生活是正常的自然的——节选自《谈体育》

真、善、美——节选自《谈价值意识》

善与美是一体的——节选自《慢慢走，欣赏啊！》

谈谈笑笑，跑跑跳跳——节选自《谈动》

忙里偶然偷闲，闹中偶然觅静——节选自《谈静》

慈慧殿三号——载《论语》第 94 期，1936 年 8 月

后门大街——载《论语》第 101 期，1936 年 12 月

游春自然是赶花会——原文《花会》，载《工作》第 4 期，1938 年 5 月

生命是一顷刻接着一顷刻——节选自《生命》，载《文学杂志》第 2 卷第 3 期，1947 年 8 月

第二章 最美的形体是曲线

美育必须从年轻时就下手——节选自《谈美感教育》

我们对于一颗古松的态度——节选自《我们对于一颗古松的态度》

美和实际人生有一个距离——节选自《当局者迷，旁观者清》

美感经验有移情作用——节选自《子非鱼，安知鱼之乐》

美感即快感，美即愉快——节选自《西方美学史》下《美的本质》

美感和快感是容易分别的——节选自《希腊女神的雕像和血色鲜丽的英国姑娘》

最美的形体是曲线——节选自《情人眼底出西施》

写实主义和理想主义的错误——节选自《依样画葫芦》

丑是形成美的一种因素——节选自《圣·奥古斯丁》

美是理念的感性显现——节选自《美是理念的感性显现》

艺术家有描写丑恶的权利——节选自《从现实生活出发还是从抽象概念出发》

第三章 站在后台看人生

每个人的生命就是他自己的作品——节选自《慢慢走，欣赏啊！》

人道主义尊重人的尊严——节选自《冲破文艺创作和美学中的一些禁区》

悲喜毕竟有所不同——节选自《审美范畴中的悲剧性和喜剧性》

一个能自制的人才能自强——节选自《谈冷静》

你真心待人，人也真心待你——节选自《谈交友》

你们须比禽兽高明些——节选自《谈青年与恋爱结婚》

谈人生与我——节选自《谈人生与我》

给不管闲事的人们——节选自《给青年的十二封信》

中国文坛缺乏什么——节选自《中国文坛缺乏什么》

在香港中文大学一次座谈会上的谈话（本文节录自一九八一年朱光潜在香港中文大学一次座谈会上的讲话）

胡愈之同志早年活动的片断回忆——载《文史资料》第八辑，1984年5月

第四章 活的趣味在于发现新境界

文艺作品都不能拆开来看——节选自《超以象外，得其环中》

艺术家须一半是诗人，一半是匠人——节选自《不似则失其所以为诗，似则失其所以为我》

灵感是从功夫出来的——节选自《读书破万卷，下笔如有神》

不能为艺术而艺术——节选自《形象思维与文艺的思想性》

每个人都可当文学家——节选自《文学作为语言艺术的独特地位》

谐趣是一种原始美感——节选自《诗与谐》

中西方诗中人伦比较——节选自《中西诗在情趣上的比较》

酒入愁肠愁更愁——节选自《陶渊明》

做诗者多，识诗者少——节选自《给一位写新诗的青年朋友》

文学的修养——节选自《资禀与修养》

活的趣味在于发现新境界——节选自《文学的趣味》

心口如一，不能说谎——节选自《写作练习》

文学是“裁剪的艺术”——节选自《选择与安排》

不视，仰视，俯视，平视——节选自《读者与作者》